VI[illegible]
SANTÍSIMO

DIOS ESTÁ AQUÍ

CLAUDIO DE CASTRO

Devocionario Católico Eucarístico

www.claudiodecastro.com

ISBN: 9798849625959

DEDICATORIA

A la **Hermana María Ávila**, una religiosa franciscana, mi maestra de primaria, quien me enseñó a descubrir los pasos de san Francisco de Asís y amar al dulce Jesús mío, prisionero de amor en los Sagrarios del mundo.

Pienso en cuánto cariño me brindaste cuando era un niño. Mi saludo para ti, hasta el cielo prometido.

A nuestra Madre del cielo, la siempre Virgen María, la llena de gracia e Inmaculada Concepción.

A mi familia, que son mi apoyo incondicional en este apostolado de la Palabra Escrita.

Para ti, amable lector. Juntos vayamos al Sagrario para adorar a Jesús Sacramentado.

MI JESÚS SACRAMENTADO,
MI DULCE AMOR Y CONSUELO,
QUIÉN TE AMARA TANTO,
QUE DE AMOR MURIERA.

CONTENIDO

AGRADECIMIENTOS

Querido lector:

Gracias por adquirir mi libro. Llévalo contigo en tus visitas al Santísimo Sacramento. Úsalo cada vez que puedas y luego, obséquialo o préstalo a otros.

Queremos agradecer a todos los sacerdotes, seminaristas y laicos, que nos brindaron su apoyo, oraciones, colaboraciones y palabras de aliento durante este proyecto, para fomentar la Devoción Eucarística, adorar, honrar y dar a conocer a Jesús Sacramentado.

Ahora vamos, Jesús te espera en el Sagrario. Cuando le veas dile que lo amas. Luego, escúchalo. Si prestas atención, seguramente lo escucharás cuando te diga:

"Eres especial para mí, y te amo".

El mundo más que nunca necesita
la Adoración Eucarística.

INTRODUCCIÓN

"Señor, tú eres el Pan de vida".

"Desde que visito a Jesús en el Sagrario, tengo paz", me confesó este joven. JESÚS ENAMORA y llena de gracias a los que en El confían. Merece la pena compartir sus testimonios. Escribo este LIBRO sobre la ADORACIÓN EUCARISTICA y sus frutos en nuestras vidas para animarte a visitar al Santísimo. Vas a conocer testimonios impactantes con Jesús que estremecen el alma. Son 15 visitas de gran espiritualidad a Jesús Sacramentado.

Como muchos católicos crecí visitando a Jesús, en la Iglesia de mi barrio. Llevaba en el bolsillo de la camisa un libro de pocas páginas que aun estremece el alma: "Visitas al Santísimo Sacramento, a María Santísima y a san José". Fue escrito por san Alfonso María de Ligorio, obispo y doctor de la Iglesia. Me inspiró tanto que he deseado mucho escribir una versión moderna, para nuestros tiempos, en los que el pecado, la confusión y la violencia parecen dominar el mundo. Su celo por las almas lo llevó a escribir obras imperdibles, maravillosas, en las que nos recordaba: ***"Así***

como Jesucristo está vivo en el cielo rogando siempre por nosotros, así también en el Santísimo Sacramento del altar, continuamente de día y de noche está haciendo este piadoso oficio de abogado nuestro, ofreciéndose al Eterno Padre como víctima, para alcanzarnos innumerables gracias y misericordias". Escribo este libro con el corazón y la mirada en el Sagrario.

He conocido casos impactantes, milagros patentes ocurridos a la luz del Sagrario, personas que recibieron gracias extraordinarias de Jesús Sacramentado. Y es que Jesús es un gran amigo, el mejor de todos. San Ignacio de Loyola solía repetir una oración que me encanta. Con ella en los labios y el corazón iniciaremos este camino que nos llevará al Santísimo.

"Toma, Señor y recibe toda mi libertad, mi memoria, mi entendimiento y toda mi voluntad. Tú me lo distes; a Ti Señor, lo torno. Todo es tuyo. Dispón de ello según tu voluntad. Dame Tu amor y Tu gracia, que estás me bastan".

Visítalo. Ten la experiencia de Jesús, **llénate de Él**.

ORACIÓN AL ESPÍRITU SANTO

Ven, Espíritu Divino
manda tu luz desde el cielo.
Padre amoroso del pobre;
don, en tus dones
espléndido; luz que
penetra las almas;
fuente del mayor consuelo.
Ven, dulce huésped del
alma, descanso de nuestro
esfuerzo, tregua en el duro
trabajo, brisa en las horas
de fuego, gozo que enjuga
las lágrimas y reconforta
en los duelos. Entra hasta
el fondo del alma, divina
luz y enriquécenos.
Mira el vacío del hombre,
si tú le faltas por dentro;
mira el poder del pecado,
cuando no envías tu aliento.

Riega la tierra en
sequía, sana el
corazón enfermo,
lava las manchas,
infunde calor de vida
en el hielo, doma el
espíritu indómito,
guía al que tuerce
el sendero.
Reparte tus siete
dones, según la fe de
tus siervos; por tu
bondad y tu gracia,
dale al esfuerzo su
mérito; salva al que
busca salvarse
y danos tu gozo
eterno. Amén.

ORACIONES DEL ÁNGEL EN FÁTIMA

Para comenzar la visita diaria

1. «Dios mío, yo creo, adoro, espero y te amo. Te pido perdón por los que no creen, no adoran, no esperan y no te aman.» (3 veces)

2. «Santísima Trinidad, Padre, Hijo y Espíritu Santo, yo te adoro profundamente y te ofrezco el Preciosísimo Cuerpo, Sangre, Alma y Divinidad de nuestro Señor Jesucristo, presente en todos los Sagrarios del mundo, en reparación de los ultrajes con los que Él es ofendido.

   Por los méritos infinitos del Sagrado Corazón de Jesús y del Inmaculado Corazón de María, te pido la conversión de los pecadores.»

COMUNIÓN ESPIRITUAL

Al finalizar la visita diaria al Santísimo

Creo, Jesús mío,
que estáis realmente presente
en el Santísimo Sacramento del Altar.
Os amo sobre todas las cosas
y deseo recibiros en mi alma.
Pero como ahora no puedo
recibiros sacramentado,
venid a lo menos espiritualmente
a mi corazón.
Y como si ya os hubiese recibido,
os abrazo y me uno del todo a Ti.
Señor, no permitas que jamás
me aparte de Ti. Amén.

ALMA DE CRISTO

Alma de Cristo, santifícame.
Cuerpo de Cristo, sálvame.
Sangre de Cristo, embriágame.
Agua del costado de Cristo, lávame.
Pasión de Cristo, confórtame.
¡Oh, buen Jesús!, óyeme.
Dentro de tus llagas, escóndeme.
No permitas que me aparte de Ti.
Del maligno enemigo, defiéndeme.
En la hora de mi muerte, llámame.
Y mándame ir a Ti
para que con tus santos te alabe,
por los siglos de los siglos. Amén.

VISITAS AL SANTÍSIMO

“Aquí estoy. No me dejes solo.
Ven a verme.”

VISITA 1

"Cuando me invoquen y vengan a suplicarme, yo los escucharé; y cuando me busquen me encontrarán." (Jeremías 29, 13)

Hoy hablaré con Jesús, le contaré lo que me inquieta, mis logros recientes, le comentaré de mi familia, mi trabajo, mis temores.

Nos ponemos en la presencia de la Santísima Trinidad y hacemos la Señal de la Cruz con gran devoción.

"En el nombre del Padre, del Hijo y del Espíritu Santo".

Saludamos a Jesús (puedes usar tus propias palabras): *"He venido Señor a saludarte, a estar contigo, decirte que te quiero, rezar, velar juntos y consolarte. Bendíceme y concédeme por tu amor lo que te pido y lo que necesito para aceptar y hacer siempre tu santa voluntad, que es perfecta."*

Recemos…

- Oración al Espíritu Santo (página 11).
- Oraciones del Ángel en Fátima (página 12).

Leamos una reflexión

"Contigo a mi lado Jesús no temeré ningún mal. Me fío de ti".

Te haré una pregunta: "¿Has experimentado alguna vez la dulce mirada de Jesús?" Te cautiva. De pronto te entra un no sé qué de tanta ternura. Es una experiencia difícil de explicar. Me había ocurrido en pocas ocasiones, pero no sabía lo que era. Conducía el auto y de pronto una felicidad me inundó el alma.

Me envolvió, me llenó con tal fuerza que me estacioné y no pude hacer más. Este gozo inmenso se había apoderado de mí. Era como un fuego que me purificaba. Fue algo muy breve y nunca entendí qué fue. Al pasar los años volvió a ocurrir. Pero esta vez lo supe. Y fui a verlo.

—Eras tú —le dije a Jesús, sonriendo de felicidad.

Me quedé viéndolo en silencio, en aquella hostia santa. Él me miraba y yo lo miraba. Las palabras sobraban. El mundo entero giraba en torno a nosotros. Recientemente volvió a ocurrir.

—Me llamas Jesús — le dije. Y me fui a una capillita para acompañarlo un rato, en oración.

Lo descubrí tan solo en aquel Sagrario. Ahora procuro visitarlo con frecuencia. Jesús sigue tocando las almas y los corazones de muchas personas a nuestro alrededor.

Sí, Jesús está allí, en el Sagrario. Y me ve y me oye. Yo, a cambio, lo veo y lo escucho y lo acompaño y le digo que le quiero. A veces sólo hay silencio. Nos vemos sin hablar. Las palabras sobran. En ese silencio me habla de una forma misteriosa para mí. Pero lo entiendo como si nuestra conversación fuese fluida. Sigo aquí, en este oratorio, frente a Jesús.

Es un diálogo hermoso. Comprendo lo que desea decirme. No necesitamos hablar, nos basta acompañarnos, estar juntos sabernos amados.

Mi hija Ana Belén nos dio mi primera y bella nietecita, Ana Sofía. Me cuenta que cuando entraba a verla en el salón donde tienen a los recién nacidos, le bastaba tocarla, para que la bebita se sintiera abrazada, serena, tranquila y se quedaba dormidita. Algo parecido nos ocurre con Jesús en el Sagrario. Es suficiente experimentar su presencia, su amor, para tener serenidad en mi vida. Con tantas heridas, odios, resentimientos, nos cuesta andar. Es hora de aligerar esa carga inútil que nada bueno aporta a nuestras vidas. Espero, querido lector, que este libro te ayude a restaurar esas viejas heridas del alma y nos ayude a nosotros sanar las heridas que a otros les hayamos causado, que podamos perdonar y ser perdonados, amar a todos, particularmente a los que nos hacen daño.

A la Madre Teresa de Calcuta, cuando le preguntaron, qué es lo que salvará al mundo, respondió: *"La oración. Necesitamos que cada parroquia se ponga ante el Señor Jesús en el Santísimo Sacramento en horas santas de adoración"*.

La Madre Teresa rezaba ante el Santísimo y luego fortalecida, trabajaba y servía a los pobres. Sabía que sin la oración no podría dar frutos de eternidad. La oración precede cualquier acción, pues te fortalece y nos llena el alma de Dios para poder llevarlo a los demás. Cuenta un sacerdote en su homilía una anécdota extraordinaria sobre la Madre Teresa y la necesidad que tenemos de la oración fervorosa ante el Santísimo.

En una ocasión la superiora de uno de sus conventos en un país de África estaba con la comunidad desbordada por el trabajo que tenían que hacer. Los pobres eran tantos que las monjas no daban abasto y escribió a la Madre Teresa. Le dijo: "Tenemos demasiado trabajo, no podemos atender bien a todos estos pobres. Por favor madre, permítanos que en vez de dos horas de oración hagamos solo una". La respuesta de la Madre Teresa fue fulminante: "En vez de dos horas hagan ustedes tres, porque cuanto más duro es el trabajo, más necesitados estamos de fuerzas y de motivaciones para resistir; y para seguir haciendo ese trabajo tan agotador, esas motivaciones, esas fuerzas las encontramos en la oración ante el Santísimo". Hoy, más de 2,500 parroquias en el mundo tienen ahora Adoración Eucarística perpetua. En alguna de ellas te espera Jesús. Anda a verlo. Vayamos a la fuente de agua que da vida eterna.

El mundo necesita más que nunca almas eucaristías, adoradores, que crean en Jesús y en su presencia real en la Eucaristía. Tú que lees estas palabras, debes saber que Él te busca, te llama, te necesita para llevar su Amor a los demás. No desoigas su llamado, es personal, para ti. Te dice:

"Ven a verme", Seamos compasivos. En el trayecto, fortalezcamos nuestra fe.

Ten ahora un encuentro personal con Jesús Sacramentado. De rodillas, postrado ante el Hijo del Dios vivo. *"Honor y Gloria a Ti Señor Jesús"*. A partir de ese momento nada será igual. Te llenarás de ternura, caridad, misericordia, amor, y una paz sobrenatural, antes desconocida para ti, que te llega a borbotones y se desborda. La paz que has buscado toda tu vida la encontrarás con Jesús en el Santísimo Sacramento del altar.

Sé que lo has sentido. Todos en algún momento lo experimentamos. Me ha pasado en diferentes ocasiones. No lo estás imaginando. Ese llamado es real. Estás aquí porque te ha llamado. Lo imagino como un niño que invita a sus amiguitos a su fiesta de cumpleaños. La casa adornada con globos, música, trucos, premios infantiles. Y nadie llega. Es terrible para un niño. Desilusionado y triste se asoma a la ventana deseando que por lo menos un invitado se haga presente. A veces estoy entre esos invitados que no asisten. La verdad soy un poco distraído. Estoy en algún almacén realizando unas compras y siento su dulce voz: *"Ven a verme*

Claudio". Sé que es Él. Me volteó y frente a mí hay una Iglesia. Sonrío de pura alegría y cruzo para acompañarlo y charlar un rato con él. ¿Estás ahora con Jesús? No creas que has sido tú el de la idea de acompañarlo.

Si en este momento te encuentras ante el Santísimo Sacramento, en adoración, orando o leyendo este libro de crecimiento espiritual, escrito para conocer y amar más a Jesús Sacramentado y promover la Adoración Eucarística, es porque Él te llamó, a ti, exclusivamente. Anhela estar contigo. Te ama y eres muy especial. Quiere ayudarte, abrazarte, consolarte. ¿Cómo saberlo? Es muy sencillo. Su llamado se encuentra registrado en las Sagradas Escrituras:

"*Ustedes no me eligieron a mí;* ***he sido yo quien los eligió a ustedes*** *y los preparé para que vayan y den fruto, y ese fruto permanezca. Así es como el Padre les concederá todo lo que le pidan en mi Nombre."* (Juan 15,16)

El Papa Francisco ha hablado de su oración ante el Santísimo con bastante sencillez y humildad recomendando esta hermosa devoción.

Cuando me siento triste, pienso en Jesús.
Cuando me siento solo, pienso en Jesús.
Cuando me siento agotado, pienso en Jesús.
Cuando me encuentro en una encrucijada, pienso en Jesús. Cuando sufro, pienso en Dios.
Cuando siento que las fuerzas no me alcanzan, pienso en Jesús.

Entonces, todo se aclara. El panorama sombrío llega a ser como una tarde de verano. Soleada. Hermosa. Porque Jesús es mi amigo y sé con certeza que todo, lo hace para mi bien. Es el santo abandono. La confianza plena. Con Él, todo lo podemos. Desde pequeño y desde que recuerdo, Jesús ha sido mi mejor amigo. Mi alma infantil estuvo llena de una presencia sobrenatural exquisita que aún hoy me sorprende y consuela. Por eso escribo este libro con tanta ilusión y te comparto mis experiencias. A veces, cuando paso frente a una Iglesia, me parece escuchar una voz preguntando: *"¿Me vendrás a visitar?"* Hace poco ocurrió. Tenía días pasando frente a una capilla, camino al trabajo, pero nunca me detenía a saludar. Siempre encontraba una excusa. Bajaba la ventana y gritaba desde el auto: *"Jesús, te quiero"*. Una mañana pasé por allí y antes de disculparme, me pareció escuchar su voz que decía: *"Aquí estoy Claudio"*. No pude continuar. Di la vuelta en la esquina y me estacioné frente a la capilla. *"Jesús me espera"*, pensé. Fue un momento muy especial porque recordé los días de la infancia cuando me quedaba por horas, feliz, acompañándolo en un Oratorio frente a mi casa. Me emocionaba saber que en aquel Sagrario se encontraba Jesús. Quise hacer algo especial y me senté a escribir... Un pequeño devocionario católico para acompañarlo. Éste, que tienes en tus manos. Todavía, a mi edad, me emociona pensar que Él está allí. Mi amigo de la infancia. Mi mejor amigo. Suelo decirle: "Lo sé. Eres tú". Y me sonrió para mis adentros, por pura alegría de saberlo mi amigo. Por años me he hecho muchas preguntas sobre Jesús en el Sagrario. ¿Por qué se quedó con nosotros allí? ¿Qué hace durante todo el día? ¿Cómo soporta estar encerrado en un espacio tan pequeño? ¿Es el mismo? ¿No cambia con los años? Tomé algunas hojas sueltas que llevé conmigo y escribí: "Si pudiera elegir entre muchos lugares: la cima del Monte Everest, los Canales de Italia, los ríos de Brasil, las maravillas de Francia… Elegiría siempre esta pequeña capilla, pobremente iluminada, silenciosa. Me dije: ***"Éste es el mejor lugar del mundo. Aquí está Dios".*** Vi la luz del Sagrario, una lamparita roja encendida, y lo supe. Reconocí que Jesús estaba aquí. En ese momento miré hacia el Sagrario y le dije a Jesús: "Te quiero. Gracias por ser mi amigo". Sentí que del fondo de mi corazón surgía una oración silenciosa, contemplativa, sin palabras. No comprendía cómo ni de qué forma estaba ocurriendo. Sencillamente me dejé llevar, me abandoné en sus manos y la oración brotó simple y sencilla. Fue un: "Jesús, te amo", nada complicado ni enredado, una oración salida del alma.

"En los cielos y en la tierra sea para ***siempre alabado***, el corazón amoroso de Jesús".

SU DULCE PRESENCIA

Experimenté su presencia amorosa que todo lo abarcaba. Y sentí que me decía: "Y yo te amo más". Eso, justamente fue lo que me ocurrió. Y me sentía feliz, sobrecogido, asombrado. Miraba en silencio hacia el Sagrario, sabiendo que Él también me miraba, en silencio. Lo imaginé sonriendo, feliz por mi visita. Le encanta que lo visiten, saber que lo amamos. Y me atreví a pedirle:

"Quédate con mi corazón y dame el tuyo, que es puro y santo. Lo que anhelo es tenerte y vivir en Tu presencia".

En ese instante comprendí. Y es lo que espero que ocurra cuando termines este libro. Hay cosas que se comprenden cuando se viven. Debes experimentar a Dios, vivir en Su presencia. A mí me cambió la vida, estoy seguro que te ocurrirá igual. Créeme, ¡vale la pena!

EXPERIMENTEMOS A JESÚS

No es lo mismo que te hablen de Jesús, a experimentar su presencia amorosa. Te llenas de pronto de un amor que se desborda dentro de ti, te sobrepasa... y te llega una paz sobrenatural que no es de este mundo. Algo real, lo sabes, que nunca habías experimentado y quisieras que no termine. Es tanto que crees no poder soportarlo, viendo su amor por ti y tus muchos pecados e indiferencias. Te sientes indigno pero a la vez feliz, muy feliz al saberte tan amado. Esta certeza lo cambia todo para ti. Y tu vida se renueva y ya "no quieres ser igual". Deja de preocuparte por lo que los demás piensen de ti, necesitas amar con urgencia. Solo te debe importar lo que Dios piense de ti. Recuerdas el salmo 53 *"Se asoma Dios desde el cielo, mira a los hijos de Adán, para ver si hay alguno que valga, alguien que busque a Dios."* Y le dices: "Señor, haz que ese que te busca sea yo".

Escuché en un programa de radio estas palabras de santa Teresa de Jesús:

"Dios está en todas partes.
Y donde está Dios, está el cielo.

Donde está su majestad,
está toda su gloria.
Para hablar con Dios
no necesitas ir al cielo,
basta ponerse en su presencia".

Es lo que te propongo que hagamos, que nos pongamos en su presencia santa ante el Sagrario para hablar con él este rato, que pasaremos unidos en oración. Le dedicaremos unos minutos a Dios. Y de alguna forma, tal vez sumergiéndonos en su inmenso e infinito amor, le robaremos su Corazón de Padre, que todo lo da a los que ama desde la eternidad.

Cuando llegue a verlo,
Jesús encontrará mi alma dispuesta.
Mi corazón a la espera.
En mis labios una oración.

TE ENCUENTRAS CON JESÚS

Supongo que *en este momento* te encuentras sentado frente a Jesús Sacramentado. Tienes el libro en tus manos y miras a Jesús. Hazme un favor. Dile que lo quieres mucho. No te canses de decírselo. Impresiona saber que Dios tiene sed de nuestro amor. Santa Teresita lo comprendió muy bien. En su libro autobiográfico: "Historia de un Alma", escribió:

"La palabra de Jesús moribundo, ¡Tengo sed!, resonaba constantemente en mi corazón y lo encendía en un amor desconocido. Anhelaba calmar la sed de mi Amado". Nos toca a nosotros calmar esa sed.

No te imaginas lo feliz que está Jesús. Esta visita tuya, no ha pasado desapercibida. Le has dado una gran alegría. Míralo, que Él te está mirando. Ámalo mucho, ***ámalo más,*** *porque Él, que es Amor, anhela tu amor.* Visitar al Santísimo es tener un encuentro personal con quien sabes que dio su vida por ti, para salvarte. ¿Acaso puede existir un amor más grande? Por tanto acude confiado a su presencia amorosa. Él te ayudará, te lo garantizo. Y si te preguntas ¿por qué orar ante el Sagrario? La respuesta es muy sencilla. Porque allí está Jesús. Él escucha directamente todo cuando quieras decirle. Está frente a ti, deseoso que le hables y le cuentes tus inquietudes. Sabe que seguramente atraviesas un momento difícil. Lo que más anhela es poder abrazarte y consolarte. He visto muchos milagros ocurridos a personas que rezan ante un Sagrario. Y nunca dejo de sorprenderme por lo maravilloso y bueno que es Jesús con nosotros. Los años me han enseñado que *sin la oración estamos perdidos.* San Alfonso escribió sobre la eficacia de la oración: "Estemos persuadidos de que, cuando llamamos a las puertas de Dios para pedirle gracias, nos da siempre más de lo que le pedimos".

¿Pasas un mal momento? ¿No le encuentras gusto a nada? ¿Para qué sirve esa Noche Oscura que Dios te hace pasar? Para Purificarte, fortalecer tu alma y enseñarte a confiar y tener fe. Creer con convicción.

"La fe es garantía de lo que se espera; la prueba de las realidades que no se ven." (Hebreos 11)

Quédate allí un rato, lo que te haga sentir feliz, tómate un tiempo, **cuéntale tus cosas, conversa con Él** igual que harías con el mejor de los amigos, que lo es, y reza confiado, seguro que Él no te abandonará. ¡Ánimo!

DESPEDIDA
PARA TODAS LAS VISITAS

Pronto volverás a tus ocupaciones. En este instante Jesús te está mirando y sonríe complacido. Obséquiale un *"te quiero Jesús"* y un:

"Sea por siempre bendito y alabado,
mi Jesús Sacramentado".
(3 veces)

Ahora, con fervor y la certeza de su presencia amorosa, haz una **Comunión Espiritual** (la encuentras en **página 13)** con el deseo de recibirlo, seguida de un Padre Nuestro, tres Avemarías y un Gloria por las intenciones del Papa.

Antes de marcharte agradece a Jesús todas las gracias y beneficios con que te ha bendecido en esta visita (puedes usar tus palabras). "Señor, qué indigno soy de estar en tu presencia Divina. Ahora me retiro. Deseo agradecer tu amor infinito y las inspiraciones que me has otorgado en esta visita. Ayúdame a ser como tú quieres, compasivo, humilde y misericordioso. Que pueda perdonar y amar a todos. Bendice Señor al Papa, la Iglesia, las familias, a los que sufren en el mundo enfermedades, desilusiones, abandonos, incomprensiones. A nuestros seminaristas, sacerdotes, religiosas y religiosos consérvalos puros, castos, hazlos santos. Te pido la conversión de los pobres pecadores. Colma de bondad a los que desean el mal para que hagan el bien. Lleva al cielo a las Almas Benditas del Purgatorio y a las más necesitadas de tu infinita Misericordia.Bendíceme buen san José, mi padre y señor, guardián fiel del Hijo de Dios. Consuélame y alcánzame de tu Hijo lo que le pido, dulce Virgen María, Inmaculada Concepción, Madre nuestra y de la humanidad. Bendito y alabado sea mi Jesús en el Santísimo Sacramento del altar.".

Me gusta mucho rezar el **Alma de Cristo** (está en la **página 14**) al terminar mi visita a Jesús Sacramentado. Es opcional. Si lo deseas quédate otro rato haciéndole compañía. Puedes guardar silencio y adorarlo, contemplarlo o **leer la Biblia** o un libro de espiritualidad. Lo importante es tu presencia y el amor que le das. Y por favor, **no lo dejes solo**. *"Hasta luego Jesús, espero verte pronto. Te quiero"*.

VISITA 2

"Yo te aseguro: no saldrás de allí hasta que no hayas pagado el último céntimo". (Mateo 5, 26)

Hoy saquemos un alma del Purgatorio

Nos ponemos en la presencia de la Santísima Trinidad y hacemos la Señal de la Cruz con gran devoción.

"En el nombre del Padre, del Hijo
y del Espíritu Santo".

Saludamos a Jesús (puedes usar tus propias palabras):

"He venido Señor a saludarte, a estar contigo, decirte que te quiero, rezar, velar juntos y consolarte. Bendíceme y concédeme por tu amor lo que te pido y lo que necesito para aceptar y hacer siempre tu santa voluntad, que es perfecta."

Recemos…

- Oración al Espíritu Santo (página 11).
- Oraciones del Ángel en Fátima (página 12).

Leamos una reflexión

Aquella mañana celebrarían la primer comunión de su hijo… fue cuando pasó. Eran los primeros años del Internet y las personas se reunían a charlar en sitios llamados "chats" dentro de la Red. Había para diferentes profesiones y religiones.

Cada viernes por la noche entraba a un sitio católico para enriquecer mi fe y compartir con mis hermanos. Recuerdo que se me ocurrió sugerir: "¿Qué tal si cada uno comparte una historia de algo que le haya impresionado como católico?"

La primera historia fue de una joven madre. La compartió mientras charlábamos en un sitio católico de Internet. "Era la Primera Comunión de mi hijo. Había leído que aquellos familiares que asistan a una Primera Comunión pueden ganar Indulgencia Plenaria. La ofrecí por aquella alma del Purgatorio más necesitada de la Misericordia de Dios.

Al regresar a casa, luego de la ceremonia, mientras introducía la llave en la cerradura de la puerta, una suave brisa me envolvió y escuché con absoluta claridad una voz muy suave y agradable que al oído me decía:

"!!!Gracias!!!"

Ese jueves me esperaba una sorpresa que cambiaría el rumbo de mi vida y aún no lo sabía. Salí en automóvil para realizar algunas compras y quedé en un gran atasco vehicular. Para aprovechar el tiempo encendí la radio del auto en una emisora católica. ¡Oh, sorpresa! En ese momento entrevistaban en vivo al conocido sacerdote Padre Jorge Loring, autor del libro: "Para Salvarte". Al instante llamó mi atención.

Recuerdo aun hoy sus inspiradoras palabras.

"La iglesia nos da poder para ganar cada día una indulgencia plenaria. Cada uno de ustedes cada día pueden sacar un alma del Purgatorio. Y es muy sencillo. Solo deben rezar el Rosario en común o a solas ante el Sagrario. Terminas el Rosario con un Padrenuestro, un Avemaría, un gloria y sacas un alma del Purgatorio.

Qué pena que mucha gente no lo hace porque no lo sabe. Cada día saco un alma del Purgatorio rezando un Rosario ante el Sagrario, desde el año 40. Un ingeniero me hizo el cálculo: "Usted ha sacado del Purgatorio 33,000 almas", por esto lo digo de broma pero creo que es verdad "todo me sale bien teniendo 33,000 amigos en el cielo que rezan por mí".

Hay dos palabras claves: *Purgatorio e Indulgencia.* Muchas personas mueren en la gracia y en la amistad de Dios, pero imperfectamente purificados. No pueden ir directamente al Paraíso. Sus almas van a un estado de purificación llamado "Purgatorio". La Iglesia, que es Madre, nos brinda muchas formas de ayudar a nuestras hermanas, las benditas almas del Purgatorio. Dependen en parte de nosotros y de nuestras buenas acciones para poder salir de ese estado de sufrimiento e ir al Paraíso. Podemos:

1. Ofrecer la Comunión
   por las almas del Purgatorio.
2. Ofrecer la Santa Misa.
3. Rezar el Vía Crucis.
4. Con indulgencias plenarias.

5. Ofrecer por ellas, a lo largo del día, nuestras jaculatorias.
6. Rezar el Rosario ante el Santísimo.

Cuántas almas permanecen años o siglos en el Purgatorio porque al morir su parientes asumen que está en el cielo. Es un grave error.

La otra palabra es: Indulgencia. El catecismo te lo explica. 1471. La indulgencia es la remisión ante Dios de *la pena temporal* por los pecados, ya perdonados en cuanto a la culpa, que un fiel dispuesto y **cumpliendo determinadas condiciones** consigue por mediación de la Iglesia, la cual, como administradora de la redención, distribuye y aplica con autoridad el tesoro de las satisfacciones de Cristo y de los santos.
Condiciones para ganar la indulgencia:

1. Confesión Sacramental.
2. La sagrada Comunión.
3. Orar por las intenciones del Papa. (Padre Nuestro, Ave María, gloria)

El Padre Loring me hizo recordar la historia que hace poco había escuchado a mi tío Raül en su casa de Costa Rica. Resulta que durante quince días, todas las madrugadas se encendía a todo volumen la radio sobre su mesita de noche. Una madrugada cansado exclamó:

—Pero, ¿qué le he hecho?

Una voz desgarradora de mujer respondió:

—Usted nada, pero soy muy infeliz.

Mi tío Raúl intuyó que era un alma del Purgatoria en busca de ayuda y ofreció varias misas por sus alma. Nunca más volvió. Fue una experiencia que lo marcó y en adelante siempre tuvo presentes a las Benditas Almas del Purgatorio.

Imagina que un familiar tuyo se encuentra sufriendo en el Purgatorio… ¿Cómo ayudarlo? ¿Lo harías? Te encuentras en una posición privilegiada, puedes ganar hoy mismo una indulgencia, rezando el santo Rosario ante Jesús en el Sagrario. ¡No esperes más! San Josemaría Escrivá nos dejó esta hermosa reflexión: *"Las ánimas benditas del purgatorio... Por caridad, por justicia, y por un egoísmo disculpable, ¡pueden tanto delante de Dios! Tenlas muy en cuenta en tus sacrificios y en tus oraciones. Ojalá cuando las nombres puedas decir: 'Mis buenas amigas, las almas del purgatorio...'"*

Cada vez que visites al buen Jesús en el Sagrario acuérdate de las que nadie se acuerda, de las más olvidadas, y de tus familiares y sacerdotes.

¿Estás en el Sagrario en este momento? Es una bonita oportunidad para que empieces a ofrecer tus oraciones. Esperan con tanta ilusión que reces y pidas por ellas, que pidas mucho, para que Jesús las lleve al Paraíso. Termina las oraciones diarias de tu visita al Santísimo, cierra este devocional y reza fervorosamente el Santo Rosario.

Decía un sacerdote en su homilía:
"No hay ningún discípulo de Jesús, ningún seguidor suyo, que no tenga el corazón misericordioso. ¿Cómo está el tuyo?"

"Acude perseverantemente ante el Sagrario, de modo físico o con el corazón, para sentirte seguro, para sentirte sereno: pero también **para sentirte amado**, ¡y para amar!", aconsejaba san Josemaría Escrivá. También decía: "Que no falte a diario un "Jesús, te amo" y una comunión espiritual —al menos—, como desagravio por todas las profanaciones y sacrilegios, que sufre Él por estar con nosotros".

Hay aun grandes tesoros espirituales por descubrir en nuestra iglesia católica. Me señalaba el sacerdote emocionado, hace unos días: "*Acércate al sagrario y deja que Jesús te mire. San Juan de la Cruz dice que cuando el Divino Maestro te mira ocurren tres cosas maravillosas:* ***te limpia, te purifica y te enamora".***

¿Sabrán las personas QUIÉN está en el sagrario? El mismo Jesús que caminó en Nazaret, está allí, VIVO, esperándonos para llenarnos de gracias.

Despedida:

Reza con las hermosas oraciones que ese encuentran en las **PÁGINAS 33 y 34** y que usarás en todas tus visitas al Santísimo **para despedirte de Jesús Sacramentado.**

VISITA 3

"Nosotros somos santuario de Dios vivo, como dijo Dios: Habitaré en medio de ellos y andaré entre ellos; yo seré su Dios y ellos serán mi pueblo." (2 Cor 6, 18)

Jesús habita entre nosotros. Le pediré que me ayude a ser santo para Él.

Nos ponemos en la presencia de la Santísima Trinidad y hacemos la Señal de la Cruz con gran devoción.

"En el nombre del Padre,
del Hijo y del Espíritu Santo".

Saludamos a Jesús (puedes usar tus propias palabras): *"He venido Señor a saludarte, a estar contigo, decirte que te quiero, rezar, velar juntos y consolarte. Bendíceme y concédeme por tu amor lo que te pido y lo que necesito para aceptar y hacer siempre tu santa voluntad, que es perfecta."*

Recemos...

- Oración al Espíritu Santo (página 11).
- Oraciones del Ángel en Fátima (página 12).

Leamos una reflexión

Hay dos santos muy cercanos a nuestros tiempos. Te recomiendo leer sus biografías. Son fascinantes. Uno es un sacerdote jesuita chileno, san Alberto Hurtado, el santo que proclamaba: "El Pobre es Cristo".

"Esta maravillosa presencia de Cristo en medio de nosotros debería revolucionar nuestra vida. No tenemos nada que envidiar a los apóstoles y a los discípulos de Jesús que andaban con Él en Judea y en Galilea. Todavía está aquí con nosotros. En cada ciudad, en cada pueblo, en cada uno de nuestros templos; nos visita en nuestras casas, lo lleva el sacerdote sobre su pecho, lo recibimos cada vez que nos acercamos al sacramento del Altar. El Crucificado está aquí y nos espera".

Yo le creo, no tengo la menor duda. Jesús está en la Eucaristía presente y en todos los Sagrarios del mundo entero. Está VIVO.

El segundo fue san Manuel González, el obispo de los Sagrarios abandonados, beatificado por san Juan Pablo II. Él mismo escribió su epitafio:

"Pido ser enterrado junto a un Sagrario, para que mis huesos después de muerto - como mi lengua y mi pluma en vida - estén siempre diciendo a los que pasen: ***¡Ahí está Jesús!*** *¡Ahí está! No lo dejéis abandonado"* .

El cierre obligatorio de las Iglesias por esta Pandemia, me hizo recordar a san Manuel. Las iglesias cerradas, los Sagrarios vacíos, Jesús abandonado. Solía pararme en la ventana de mi cuarto mirando hacia alguna Iglesia cercana y le pedía a mi Ángel de la Guarda:

—Ve a esa Iglesia y acompaña a Jesús en el Sagrario, ya que yo no puedo ir. Y por favor dile que le quiero.

San Manuel González pedía de limosna en sus homilías, no ropa ni comida para los pobres, sino una limosna de amor para Jesús, olvidado en los Sagrarios. Me sumo a su petición, que trasciende en el tiempo. Visítenlo, háganle compañía. Está sediento de nuestro amor. Sí, te pido una limosna de cariño para Jesús, ***prisionero de amor***, abandonado en muchos Sagrarios del mundo, porque cada vez menos personas creen en su presencia verdadera.

¿Lo has visto? Una persona que de repente es tocada por Jesús. Se inunda su alma de amor y decide amar a todos sin distinción. Cambia su vida radicalmente y los que lo ven diferente son tocadas por su ejemplo. Le preguntan por qué ahora es así, qué le ha ocurrido. Empiezan a observarlo y por temor a lo que no conocen le llaman: *"bicho raro"*. Me ocurrió cuando decidí cambiar mi vida. No sé cuántas veces me llamaron "naif" que significa ingenuo, "raro" y todo lo que puedas imaginar. Pero yo estaba encandilado, atraído por la luz de Dios y solo deseaba conocerlo, amarlo y hacerlo amar. Suele ocurrir que al tiempo se acercan para decirte: "¿Cómo hiciste? Regálame un poco de esa paz y alegría que llevas dentro" Me pasó una vez que salía feliz de la iglesia después de una Hora Santa. Iba lleno de Dios. En la puerta el párroco conversaba con una persona. Me detuvo y me dice:

—Llevas mucha alegría Claudio. Regálame un poco.

Sonreí y señalé al Sagrario.

— Proviene de Él— respondí.
— Es verdad —dijo emocionado—, también se lo pediré para mí.

Despedida: Reza con las hermosas oraciones que ese encuentran en las **PÁGINAS 33 y 34** y que usarás en todas tus visitas al Santísimo **para despedirte de Jesús Sacramentado.**

VISITA 4

"Llámame y te responderé; te mostraré cosas grandes y secretas que tú ignoras."
(Jer 33, 3)

**Ésta será una visita muy especial.
Hoy escucharemos a Jesús.**

Nos ponemos en la presencia de la Santísima Trinidad y hacemos la Señal de la Cruz con gran devoción.

*"En el nombre del Padre,
del Hijo y del Espíritu Santo".*

Saludamos a Jesús (puedes usar tus propias palabras):

"He venido Señor a saludarte, a estar contigo, decirte que te quiero, rezar, velar juntos y consolarte. Bendíceme y concédeme por tu amor lo que te pido y lo que necesito para aceptar y hacer siempre tu santa voluntad, que es perfecta."

Recemos…

- Oración al Espíritu Santo (página 11).
- Oraciones del Ángel en Fátima (página 12).

Leamos una reflexión

QUÉ BUENO ES ESCUCHAR AL MAESTRO

Supongo que en tu visita a Jesús has hecho algunos ratos de silencio. Callar, hacer silencio es lo mejor para escuchar a Jesús. El ruido del mundo nos desorienta, hace que perdamos el camino. He descubierto que a veces Jesús, en el silencio, derrama gotas de Amor sobre nosotros, nos abraza, nos mira emocionado. En esos momentos, todo es dulzura y paz. Es cuando quisieras que *el tiempo se detuviera* para gozar más de su presencia.

"Ustedes serán verdaderos discípulos míos si perseveran en mi Palabra, entonces conocerán la verdad y la verdad los hará libres" (Jn 8, 31-32).

Vivimos por su Palabra y su Palabra nos lleva al Padre. "En el principio era la Palabra, Y la Palabra estaba ante Dios, y la Palabra era Dios. Ella estaba ante Dios en el principio" (Jn 1, 1). La Palabra. El buen Jesús. No hay nadie que escuche la voz del Maestro y permanezca igual. Por ello algunos le temen. Pues saben que los puede cambiar.

Debes escuchar la voz de Jesús, sin temor a lo que haga en tu vida.

Yo era de esos que le temía, porque sabía que Dios no pide las cosas a medias. Lo pide todo. Y para un simple mortal, todo es mucho. Su mano es muy pesada, por ello nos escabullimos y buscamos miles de excusas. Pero, ¿dónde escondernos de Dios? ¿Bajo una mesa?, ¿en la lectura de un libro?, ¿en el trabajo?

Aquella mañana de julio en vísperas de un día muy especial, fui a verlo al Sagrario, en la Iglesia de Guadalupe de calle 50 en Panamá. De rodillas ante el Rey de reyes tuve el impulso de preguntarle:

—¿Qué quieres de mí?

Al instante escuché una voz interior, que me urgía:

—Escribe. Deben saber que los amo.

Quedé de una pieza, casi inmóvil, aturdido, sin poder comprender lo que acababa de ocurrir. Una paz interior me inundó seguido de un gran gozo y supe que era Él. Luego de una hora, regresé a mi casa meditando sus palabras. ¿Que debía hacer?

—Seño, no entiendo nada. Si quieres que escriba por favor dímelo con claridad.

Por la tarde mi esposa Vida me telefoneó para que fuera a buscarla a un supermercado cercano. Estacioné el auto y cuando bajé una señora a la que nunca antes había visto me dice:

—¿Usted es Claudio de Castro?

Asentí con la cabeza.

—Escriba, Dios quiere que usted escriba.

¡Apenas lo creía! ¿Qué era esto? Le agradecí y entre al supermercado para buscar a mi esposa. En un pasillo otra señora camina hacia mí.

—Viene de nuevo… — pensé.

—Usted es Claudio de Castro, ¿verdad?

—Así es doñita, ¿en qué puedo ayudarla?

—Hace mucho no leo nada suyo en el Panorama

Católico. Me parece que Dios lo quiere escribiendo. No deje de hacerlo, confié en Él.

—Mensaje recibido —pensé sonriendo —. ¡Te la sabes entera Señor!

Encontré a Vida pagando sus compras y charlando amenamente con una prima. Cuando me acerqué, su prima me mira con seriedad y dice:

—Claudio, tengo algo que decirte.

—Lo sé—respondí—. Me vas a pedir que escriba.

Abrió los ojos asombrada y preguntó:

—¡Sí! Eso iba a decirte. Pero, ¿cómo lo sabes?

Le conté todo lo que había ocurrido. Ahora cada vez que me la encuentro en algún lugar me dice sonriendo:

—Tú escribes gracias a mí.

¿Lo imaginé? Créeme, también lo pensé. Pero cuando has publicado más de 200 libros de espiritualidad, algunos en 4 idiomas, y los encuentras presentes en muchos países, y recibes correspondencia de los lectores desde países como África, México, España, Costa rica, Colombia…. Y ves a Dios actuar en tu vida de formas increíbles… no cabe la duda sino la certeza.

¡Todo para gloria de Dios! ¡Qué bueno eres Jesús!

Este libro es el culmen de aquella mañana. En él deposito con esperanza todo lo que he aprendido a lo largo de los años y mis experiencias con Jesús, su ternura, amor, delicadezas con las almas que lo buscan con recta intención, necesitadas de consuelo y gracias celestiales. ¡Jesús, en ti confío. Y siempre te amaré!

El mismo Moisés se sobrecogió ante su grandeza y suplicó para zafarse de su misión: "Mira, Señor, que yo nunca he tenido facilidad para hablar, y no me ha ido mejor desde que hablas a tu servidor: mi boca y mi lengua no me obedecen. Le respondió Yahveh: ¿Quién ha dado la boca al hombre? ¿Quién hace que uno hable y otro no? ¿Quién hace que uno vea y que otro sea ciego o sordo? ¿No soy yo Yahveh? Anda ya, que yo estaré en tu boca y te enseñaré lo que has de hablar. Pero él insistió: por favor Señor, ¿por qué no mandas a otro?" (Ex 4, 10-14).

Parece que en esto, todos nos parecemos un poco a Moisés con ese: "mejor busca a otro". Pero Dios quien todo lo ve, inclina su rostro hacia ti y te dice:

"Te escogí, porque conozco tu corazón". No hay explicaciones. Solo una ternura infinita que nos inunda el alma y percibes todo su Amor.

Sobran entonces las palabras. Él tiene la respuesta antes de que formulemos la pregunta.

En aquellos momentos en que decimos como Moisés: "mejor busca a otro", no debemos olvidar que Dios no cambia de parecer. A Moisés le fue enviado por Dios su hermano Aarón para que le ayudara en su misión. Eran épocas de profetas, pero Dios sigue igual, actuando en nuestras vidas. A Él no le importa ni el año, ni el mes, ni el día…

Tal vez a ti también te ha ocurrido que de repente Dios te envía una persona, en ocasiones desconocida, para que se cruce en tu vida. Una leve intuición, como un susurro salido del corazón nos muestra el camino, donde encontramos lo que tenemos que decir, cómo debemos actuar.

Él tiene sus formas impresionantes de llamarnos, muchas veces sin que nos demos cuenta. Giovanni Papini, fue un gran escritor, pero también un crítico despiadado de la Iglesia. Durante la Segunda Guerra, huyendo de la violencia, se fue a vivir con toda su familia a un pueblito enclavado en las montañas. Los campesinos como no sabían leer le pedían que por las tardes les leyera la Biblia. Y él, trepado en una gran roca, en voz alta, les leía el Evangelio.

De tanto leerlo, conoció a Jesús, el consolador, el amigo, el maestro, y Papinni, el rebelde, el enemigo de la fe, se convirtió. Y contra todo lo que cualquiera hubiera podido esperar, trabajó en un libro hermoso, que le traería la admiración de muchos, el cual fue titulado: "Vida de Jesús".

El que conoce a Jesús ya nunca podrá ser indiferente a la fuerza de su Palabra. Lo abandonan todo por seguirle, llegando muchas veces a obtener la corona del martirio, tan anhelada por los grandes santos.

Edith Stein, recientemente canonizada por el papa Juan Pablo II, se atrevió a escuchar la dulce voz del Maestro. Y cambió su vida. Era hebrea, se hizo bautizar y posteriormente entró como carmelita en un convento. Su familia rompió con ella y sólo le quedó el consuelo de tener a su hermana y a su esposo celestial. En 1942 los nazis la llevaron a un campo de concentración donde murió mártir en las cámaras de gas. La conocemos ahora como: santa Teresa Benedicta de la Cruz.

Edith escuchó la voz del Señor. ¿Te atreverías tú a hacer lo mismo? Ella se marchó en contra de la voluntad de su familia, y de un mundo que no podía comprenderla.

Qué difícil es comprender que mientras ellos arriesgaron su vida, nosotros apenas podemos con los problemas diarios. Jesús les dice: "Síganme"; y lo dejan todo y lo siguen sin mirar atrás.

Recuerdo que siendo apenas un niño, en una de esas tardes soleadas Sister Ávila María, una hermana franciscana, nos contó esta hermosa historia de unos niños mártires: "En un país se desató una gran violencia contra los creyentes. Los enemigos de nuestra fe irrumpieron un día en el orfanato católico; bajaron la gran cruz de la capilla y la tiraron en el patio. Luego llamaron a los niños y los amenazaron: "Aquí está el crucificado. Vengan a escupir su rostro, o los matamos". El primer niño, temblando de pies a cabeza, se acercó y escupió el rostro de Jesús. El segundo, en cambio, se acercó y en vez de escupir se arrodilló y besó con ternura la frente de Jesús, y allí mismo, sin ninguna compasión, lo mataron; igual ocurrió con el tercero, el cuarto y el resto de los niños que venían tras de él". Entonces yo pensaba: "¡Qué hermoso morir por Jesús!" Y hubiera dado feliz la vida sabiendo que la entregaba por Jesús.

Santa Teresa, san Francisco de Asís, y otros muchos santos lo desearon, pero no a todos se les concedió. Uno de los mártires de Barbastro, sabiendo lo grande que es el martirio, escribió en la envoltura de un chocolate: "Nunca pensé ser digno de una gracia tan singular". Y mientras lo llevaban para fusilarlo cantaba y se despedía de todos con gran serenidad.

¿Sientes que Jesús te llama? ¿Te escondes? No temamos entregar nuestras vidas y corazones por Jesús. Él lo vale todo.

PON ATENCIÓN

Escucha atentamente. Jesús está hablando. Para escuchar este mensaje suyo, requieres una Biblia. Búscala y lee el Evangelio de san Lucas en el Capítulo 6 y los versículos del 27 al 38. Es tu reto de hoy. *¿Te animas a hacer lo que Jesús te pide?*

Despedida:

Reza con las hermosas oraciones que ese encuentran en las **PÁGINAS 33 y 34** y que usarás en todas tus visitas al Santísimo **para despedirte de Jesús Sacramentado.**

VISITA 5

"Jesús les dijo: «Venid conmigo, y os haré llegar a ser pescadores de hombres.»" (Marcos 1, 17)

Hoy le vamos a pedir a Jesús por los sacerdotes. Necesitamos buenos y santos sacerdotes. ¿Has rezado alguna vez por ellos?

Nos ponemos en la presencia de la Santísima Trinidad y hacemos la Señal de la Cruz con gran devoción. "*En el nombre del Padre, del Hijo y del Espíritu Santo".*

Saludamos a Jesús (puedes usar tus propias palabras): *"He venido Señor a saludarte, a estar contigo, decirte que te quiero, rezar, velar juntos y consolarte. Bendíceme y concédeme por tu amor lo que te pido y lo que necesito para aceptar y hacer siempre tu santa voluntad, que es perfecta."*

Recemos…

- Oración al Espíritu Santo (página 11).
- Oraciones del Ángel en Fátima (página 12).

Leamos una reflexión

En España tengo un amigo sacerdote que está muy enfermo. No sé qué padece, sin embargo, a veces nos comunicamos por Internet y pasamos horas conversando en un chat, al cual suelen entrar también otras personas para charlar. Ocasionalmente se cuestiona diciéndose: "¿Por qué a mí esta enfermedad? ¿Acaso no soy un sacerdote?". Él me cuenta que es muy penoso vivir así, sobre todo cuando vienen las crisis fuertes de las que no sabe si sobrevivirá.

Por momentos nos interrogamos sobre la presencia de Dios: *"¿Está realmente cuando lo necesitamos? ¿Su dulce presencia nos consuela, o sencillamente, imaginamos que él estuvo en esos momentos tan difíciles?"* Hablé de esto con él y me contó esta vivencia sobrenatural: "Tuve la experiencia de poder notar su presencia y de poder palpar al Señor. El sábado de pentecostés, en la segunda misa, cuando consagraba, le gritaba: ¿Por qué a mí? Y antes de comulgar pude sentir como una suave brisa que me envolvía; y supe que era

Él. Y aunque sé que mis sequedades pueden seguir, estoy seguro de que él habita en mí". La respuesta es un "sí" contundente. Dios está cuando lo necesitamos. Está allí, a nuestro lado, porque su amor es eterno, porque nos ama y porque es nuestro padre.

LOS ATAQUES A LOS SACERDOTES

El demonio lo tiene bien claro. Destruye a los sacerdotes y destruye la Iglesia, sin la Eucaristía. Es un plan bien estructurado, una estrategia estudiada. Ha tenido siglos para afinarla y dedicarse a encontrar las debilidades de nuestros sacerdotes, un talón de Aquiles que los haga vulnerables al pecado. Aprovecha la soledad y el abandono en que a veces los dejamos. Se da cuenta que rezamos poco por ellos pidiendo a Dios que los proteja y los guarde en la pureza de alma y corazón, que los haga santos. ¡Santo cielo! ¡Qué diferente sería todo si rezáramos como debe ser por nuestros sacerdotes!

El demonio ha vuelto a desenvainar su larga y filosa espada en la que se lee: **"DESACREDITAR"**. Es como si tuviese varias espadas y cada una más filosa que la anterior, para hacernos daño. En una tiene inscrita la palabra: **"SEMBRAR ODIO"**, en la otra: **"IMPUREZA".** Golpea sin piedad a la humanidad y la Iglesia de Cristo, tratando de hacerla caer. Pero no puede. Lo que sí puede es hacer daño. Y es que todos somos pecadores.

Nos sostienen la gracia de Dios, la oración, vivir en su presencia amorosa, la vida sacramental.

Un sacerdote que cae o abandona su vocación, es su mayor triunfo. El ruido que hace es estruendoso. En un bosque son como los árboles más grandes y robustos, los más cercanos al cielo, por eso al caer hacen tanto ruido. No son cualquier árbol. **Necesitamos santos sacerdotes. No te canses de pedirlos: "¡Señor, danos santos sacerdotes!"**

Siempre recuerdo aquel sacerdote que comía solo su cena de Navidad en la cafetería de una gasolinera porque ninguno de sus parroquianos se acordó de él. Piensa esto: *"¿Rezas por el sacerdote de tu parroquia? ¿Le pides a Dios que lo proteja? ¿Le has brindado tu amistad? ¿Colaboras en su parroquia?"* Los sacerdotes son la presa más valiosa para el demonio, los más buscados y atacados. Tienen debilidades como tú y como yo. Son humanos, provienen de un hogar. Hay que rezar siempre por ellos.

El demonio trabaja en silencio para hacerlos caer en "GRAVES PECADOS" que escandalicen, para desacreditarlos, sacarlos de circulación y de paso golpear la Iglesia. Son pecados que hacen mucho daño. A veces pienso que es más que malo, el demonio es malísimo, padre de la mentira, asesino de hombres. **Estos son tiempos difíciles para nuestra Iglesia.** Es golpeada por muchos frentes y los escándalos abundan. Pero no nos desanimemos, tengamos el coraje de ser fieles discípulos de Jesús. Busquemos a Dios, recemos, tengamos fe y pidamos a la Virgen María que nos proteja y cuide a los sacerdotes de su Hijo.

Sin sacerdotes no hay Eucaristía. Es hora de rezar por ellos. Pienso mucho en los sacerdotes porque sin ellos no tendríamos a Jesús Sacramentado. Sin ellos nadie administraría los sacramentos, ¿cómo salvarnos entonces? Por naturaleza somos pecadores y, al menos para mí, es un gran consuelo el sacramento de la Reconciliación. Saber que entro sucio, lleno de pecados a ese cuartito donde espera paciente un sacerdote. Tal vez cansado de pasar tanto tiempo allí. Pero lleno de amor, sabiendo que es otro Jesús. Y que salgo con el alma limpia, dispuesto a ser mejor. Con la gracia que te fortalece y te ayuda a luchar contra el pecado.

Es una vida hermosa la del sacerdote que se entrega por Cristo. Y es una vida dura también. Por eso siempre nos piden que recemos por los sacerdotes, que los apoyemos. Que "jamás" hablemos mal de un sacerdote. Mi esposa me cuenta que Monseñor Escrivá comparaba al sacerdocio con el vino bueno.

No importa si el vino es vaciado en una botella fina o en un frasco poco elegante. El vino seguirá siendo de la mejor calidad. Igual es el sacerdote. Tiene siempre en sí, a Cristo y el sacramento que administra es válido siendo su conducta ejemplar o poco edificante. No dejo de pensar que Cristo habita en ellos, y que nos habla con frecuencia, por esto hay que escucharlos con cariño y respeto.

—Quien los escucha a ustedes—les dice Jesús — me escucha a mí; quien les rechaza a ustedes, me rechaza a mí; y el que me rechaza a mí, rechaza al que me ha enviado. (Lucas 10, 16)

Qué felices si todos los sacerdotes fueran santos, a pesar de sus debilidades, que todos las tenemos, como seres humanos. Dios hace su obra en nuestra pequeñez.

Allí está el caso simpático del cura de Ars, Juan Vianney, el patrono de los sacerdotes, a quien sus profesores consideraron incompetente para confesar porque no tenía la ciencia necesaria y era poco aventajado en los estudios. Resultó que las personas hacían largas filas desde la madrugada para poder confesarse con este santo sacerdote. Vienen a mis recuerdos la homilía de un sacerdote que me impresionó mucho. Al terminar la misa fui a la sacristía y le dije: "Gracias por ser sacerdote". Me miró conmovido, tomó mis manos entre las suyas y me dijo:

—Rece por mí.

Me dejó impactado. ¿Un sacerdote me pedía que rezara por él? En ese momento no lo comprendí. Fue algo en lo que pocas veces pensé. Siempre imaginé que eran ellos quienes rezaban por nosotros. Los veía como seres apartes, distantes, diferentes, cerca de Dios. Nunca los había visto en su humanidad, necesitados de oraciones y de afecto por la comunidad.

Hace poco en Colombia un sacerdote muy conocido por sus libros y sus predicaciones en la radio, televisión y las redes sociales, dejó el sacerdocio, porque "se sentía muy solo". La soledad lo estaba acabando.

¿Por qué es importante un sacerdote? ¿Por qué debemos protegerlos con nuestras oraciones? San Josemaría lo describió con claridad para que todos entendiéramos: "Cristo, que subió a la Cruz con los brazos abiertos de par en par, con gesto de Sacerdote Eterno, quiere contar con nosotros —¡que no somos nada!— para llevar a "todos" los hombres los frutos de su Redención".

Despedida: Reza con las hermosas oraciones que están en las **PÁGINAS 33 y 34** y que usarás en todas tus visitas al Santísimo **para despedirte de Jesús Sacramentado.**

VISITA 6

Hoy vamos a consolar a Jesús.

Nos ponemos en la presencia de la Santísima Trinidad y hacemos la Señal de la Cruz con gran devoción.

"En el nombre del Padre,
del Hijo y del Espíritu Santo".

Saludamos a Jesús (puedes usar tus propias palabras): "He venido Señor a saludarte, a estar contigo, quiero consolarte, decirte que te quiero, rezar y velar juntos, amarte. Bendíceme y concédeme por tu amor lo que te pido y lo que necesito para aceptar y hacer siempre tu santa voluntad, que es perfecta."

Recemos…

- Oración al Espíritu Santo (página 11).
- Oraciones del Ángel en Fátima (página 12).

Leamos una reflexión

Soñé que estaba en misa. Participaba con gran fervor. Me emocionaban las palabras del sacerdote, el Evangelio, la consagración. Llegó el momento de la comunión y le pregunté a nuestro Señor:

— ¿Qué es lo que más te duele de nosotros?

Y me pareció que el buen Jesús, entristecido, me respondía:

— Me duele la indiferencia.

— ¿Somos indiferentes contigo? — le pregunté extrañado.

Entonces se me abrieron los ojos, como si una capa de lodo cayese de ellos y pude ver lo que nunca antes había notado. El sacerdote con la santa hostia en la mano, la elevaba para que los fieles la vieran y en su corazón adorasen a nuestro Señor.

— El cuerpo de Cristo — decía.

— Amén — respondía el que recibía a nuestro Señor, pero sus pensamientos estaban en otra parte, en otro lugar, distante.

Mientras esto transcurría pude ver a las personas en las bancas. En un momento tan sagrado, en el que Jesús mismo se hace presente por nosotros, no le conocíamos. Era un extraño al que pocos saludaban. Jesús nos miraba con un amor tan grande, pero nosotros no lo veíamos, ni orábamos, ni adorábamos su cuerpo y su sangre. Muchos en sus bancas conversaban, otros leían el semanario católico, otros pensaban en sus empresas. Y Jesús los miraba dolido.

— ¿Comprendes ahora? — me dijo.

También sentí un gran dolor en mi corazón y mi alma. ¿Cómo no amarte Señor?

Leí la fuertes palabras que Jesús le dijo a santa Faustina: *"Oh, cuánto Me duele que muy rara vez las almas se unan a Mí en la Santa Comunión. Espero a las almas y ellas son indiferentes a Mí. Las amo con tanta ternura y sinceridad y ellas desconfían de Mí. Deseo colmarlas de gracias y ellas no quieren aceptarlas.* ***Me tratan como una cosa muerta****, mientras que Mi Corazón está lleno de Amor y Misericordia".*

Al día siguiente fui a misa y recordé este sueño. De rodillas pedí a nuestro Señor, que nos diera a todos, “su amor”, para amarlo más, con todo el corazón y toda el alma.

Ese día, la misa cobró un nuevo significado para mí. Algo había cambiado. la sentía más luminosa, más espiritual, más profunda... Y comprendí por qué nos enseñan que es la oración perfecta, acción de gracias, la Eucaristía.

Hoy es un día especial. Haremos estas alabanzas de desagravio.

Bendito sea Dios.
Bendito sea su Santo Nombre.
Bendito sea Jesucristo,
Dios y Hombre verdadero.
Bendito sea el Nombre de Jesús.
Bendito sea su Sacratísimo Corazón.
Bendita sea su Preciosísima Sangre.
Bendito sea Jesús en el Santísimo Sacramento del Altar.
Bendito sea el Espíritu Santo Paráclito.
Bendita sea la excelsa Madre de Dios,
María Santísima.
Bendita sea su Santa e Inmaculada Concepción.

Bendita sea su Gloriosa Asunción.
Bendito sea el nombre de María,
Virgen y Madre.
Bendito sea San José, su castísimo Esposo.
Bendito sea Dios en sus Ángeles
y en sus Santos.
Amén.

Perdona Señor nuestra indiferencia a tu amor, nuestra ingratitud, nuestros pecados. Ayúdame a ser como Tú quieres que sea.

Despedida:

Reza con las hermosas oraciones que ese encuentran en las **PÁGINAS 33 y 34** y que usarás en todas tus visitas al Santísimo **para despedirte de Jesús Sacramentado.**

“Háblales a todos de mí, *diles que LOS AMO, que realmente estoy aquí, vivo, esperando por ellos, para consolarlos, darles paz, ayudarlos en sus necesidades, llenarlos de gracias, darles fortaleza, charlar, rezar juntos, brindarles una mano amiga tan necesaria en la adversidad y la desesperación.”*

VISITA 7

"Acerquémonos, por tanto, confiadamente al trono de gracia, a fin de alcanzar misericordia y hallar gracia para una ayuda oportuna."
(Hebreos 4, 16)

Cuando vives de la gracia

Nos ponemos en la presencia de la Santísima Trinidad y hacemos la Señal de la Cruz con gran devoción.

"En el nombre del Padre,
del Hijo y del Espíritu Santo".

Saludamos a Jesús (puedes usar tus propias palabras):

"He venido Señor a saludarte, a estar contigo, decirte que te quiero, rezar, velar juntos y consolarte. Bendíceme y concédeme por tu amor lo que te pido y lo que necesito para aceptar y hacer siempre tu santa voluntad, que es perfecta."

Recemos…

- Oración al Espíritu Santo (página 11).
- Oraciones del Ángel en Fátima (página 12).

Leamos una reflexión

LA LÁMPARA DEL SANTÍSIMO

Desde la antigüedad se acostumbraba a colocar una lámpara encendida en la presencia de Dios. Las Sagradas Escrituras lo confirman: "Da orden a los hijos de Israel que te traigan aceite de oliva puro y exprimido en mortero para las lámparas, de tal manera que nunca se apague la luz. Aarón y sus hijos dispondrán esta lámpara en la Tienda del testimonio, fuera del velo que está pendiente delante del Testimonio, y estará ardiendo en presencia de Yavé desde la mañana hasta la tarde. Será esto un rito perpetuo para los hijos de Israel." (Éxodo 27, 21, 22) Nuestra Iglesia también prescribe que una lámpara ha de arder continuamente ante el Tabernáculo o Sagrario, indicando la presencia real de Cristo en un lugar sagrado. Se le llama: "Lámpara del Santísimo" o del Sagrario. Sirve para indicarnos que nos encontramos delante de Jesús, el Hijo de Dios vivo, un prisionero de amor. Es también un símbolo de nuestra fe, al recordarnos que Cristo es la luz que nos alumbra el camino de la vida. Ten presente sus palabras: *"Yo soy la luz del mundo; el que me siga no caminará en la oscuridad, sino que tendrá la luz de la vida."* (Juan 8, 12).

Cuando entro a una Iglesia, ¿qué es lo primero que hago? Busco el oratorio o capilla donde tienen el Sagrario para saludar a Jesús. Deseo hacerle compañía, adorarlo y decirle que le quiero. Al entrar en ese lugar santo pongo atención a la lámpara del Santísimo. La miro. Si está encendida, sé que allí está Jesús frente a mí. Me postro de rodillas Y le digo esta jaculatoria: *"Jesús, manso y humilde de corazón, haz mi corazón semejante al tuyo"*. Es una experiencia maravillosa. Cuando se encuentre apagada, sabrás que por algún motivo no está Jesús.

¿Conoces la làmpara del Santísimo?
Se encuentra al lado del Sagrario. Cuando está encendida te indica que allí está Jesús.

TESTIMONIO

A menudo me escriben los lectores de mis libros agradeciendo un favor recibido al leerlo, una voz de esperanza, un consuelo en sus vidas atribuladas. Me agradecen por un escrito que los ayudó. Estoy claro que no he sido yo. Quien realmente ha tocado sus almas es Jesús que compasivo los mira desde el Sagrario, los fortalece, le da las gracias que necesitan para salir adelante. Yo solo escribo. No tengo mérito en ello porque me apasiona escribir para Jesús. Lo que es realmente importante lo hace Él. Yo, soy un espectador más. Por eso, siempre termino enviándolos ante Jesús en el Sagrario. "Agradece a quien debes. Anda al Sagrario que allí te espera Jesús". Les explico lo concerniente a la Lámpara del Santísimo y les pido que lo saluden de mi parte. *"Claudio te manda saludos, buen Jesús"*.

Hace algunos años conocí de esta forma a un argentino, se llama José, era judío, de una familia hebrea con tradición, igual que mi familia en Panamá. Nos hicimos amigos por Internet y descubrimos muchas cosas en común, sobre todo el amor por la lectura y los buenos libros. Un día me contó una experiencia que le cambió la vida.

José tenía un amigo, obispo católico, muy culto, con el que solía reunirse para tomar café algunas tardes y charlar de diversos temas. Un día el obispo le dijo que pasaría a su parroquia a buscar unos documentos y José le dijo que lo acompañaría. Al pasar frente al oratorio donde estaba el Sagrario, el obispo se arrodilló, guardó unos segundo de devoto silencio y luego continuó. Algo ocurre en este momento que le estremece el alma a José. Una paz sobrenatural lo envuelve, lo inunda, lo llena todo. No tiene idea lo que le ha pasado ni por qué. Pero se siente atraído por ese Sagrario.

—¿Por qué te has arrodillado? —le pregunta José con curiosidad a su amigo obispo —. ¿Qué es este lugar?

El Obispo le explica lo que es el Sagrario y el motivo de su pequeño momento de adoración Eucarística. José no lo sabía pero ya Jesús le había tocado el alma. Hay un escrito de la Beata Sor María Romero, una religiosa salesiana, que explica lo ocurrido: "Cuando Jesús ama a un alma, cuando pone en ella sus ojos y su corazón **no hay nadie ni nada, ni en el cielo ni en la tierra, ni en los infiernos, que sea capaz de arrebatársela**.

Cada vez que alguien intente cerrar la puerta del amor para el alma escogida por Dios, no hará otra cosa que excitar al Altísimo para que lleve a cabo su obra admirable y gloriosa".

Y después de este momento, ¿qué ocurre? Sigamos leyendo a sor María: "Dos fuertes atracciones dominan en el alma que se ha dado seriamente a Dios: **la atracción de la oración solitaria y silenciosa para sumergirse en Dios, para escuchar su voz, para penetrar sus misterios** y sobre todo para unirse más íntimamente a Él; y al mismo tiempo, **la atracción del apostolado, del sacrificio activo y generoso por la salvación de las almas**".

¿Te ha pasado alguna vez amable lector que sientes ambas necesidades? La oración devota, solitaria y el llamado a servir a los menos afortunados y llamar a todos a la santidad, la conversión de los pobres pecadores, la salvación de sus almas. Quiero que este libro acompañe a muchos adoradores, catequistas, jóvenes, católicos de todas las edades, al Santísimo y ayude a transformar muchas vidas, sobre todo aquellas alejadas de Dios y su infinita Misericordia. Pero sentía que algo le faltaba y estaba a la espera. Cada vez que iba al

Sagrario le decía contento a Jesús: *"Ya lo terminé"*. Y empezaba a sentir que me respondía: *"Aún no. Pon esto, busca aquello"*. Y así se volvió un libro interminable que estaba destinado a tener menos de 100 páginas y terminó con más de 400. Pero era para Él, así que le daba gusto. En ese cansancio le pregunté si valdría la pena tanto esfuerzo y al día siguiente me llega esta sorprendente historia... y encuentro la respuesta a mi inquietud. Es el segundo caso que deseo compartir.

Con esta bella historia de gran finura en sus palabras, sobre la lámpara del Santísimo, puedo enriquecer este libro dedicado a mi maestra de primaria, la hermana Ávila, en gratitud por sus enseñanzas que me motivaron a conocer y amar más a Jesús en el Sagrario.

TODO ES GRACIA

Estás con Jesús en el Sagrario en adoración, contemplando su majestad. De pronto te dice: "No tengas miedo. Desde hoy, sólo yo llenaré tu vida". Te estremece el alma y al principio no sabes cómo reaccionar, pero Él viene en tu ayuda. Te empieza a llenar con un gozo que sabes que no es de este mundo y un amor que te sobrepasa y te hace amar a todos, incluso a los que tanto daño te han hecho. Tu amor los incluye a ellos también. Y sabes que lo que vives es gracia, donación, obsequio inmerecido. Entonces todo lo pasado pierde importancia. Sólo importa el llamado, esa voz interior... que tratamos de comprender.

Vencido el miedo y calmada la confusión, emprendemos el viaje; volvemos a misa; leemos libros que nos iluminan; cambiamos nuestra forma de ser y de pensar; y redescubrimos algo maravilloso: "No estamos solos, ¡Dios nos ama!·

¿Has experimentado alguna vez la embriaguez que produce la presencia viva de Jesús? Llevas por dentro un gozo tan grande e inexplicable que te lleva a compartirlo con otros. Pasan los días y lo amas todo: el viento, los árboles, las hormigas, las piedras… porque todo es creación de Dios. Todo lo bendices y todo lo agradeces. Vives sumergido en la gracia de Dios. Una vez que conoces a Dios, no cesas de buscarlo; nada sacia tu necesidad de estar cerca de Él.

Me agrada pensar en Jesús como un buen amigo, porque un amigo siempre está a tu lado cuando lo necesitas. Y Jesús siempre está cercano. Es un rey que ha bajado del cielo para estar con nosotros y recordarnos:

- “Yo soy el buen Pastor” (Jn 10, 11),
- “la luz del mundo” (Jn 8, 12),
- “el pan de vida” (Jn 6, 48),
- “el pan vivo que ha bajado del cielo” (Jn 6, 48),
- “la vid verdadera” (Jn 15, 5),
- “yo soy Rey” (Jn 18, 37).

El que conoce a Jesús no puede más que amarlo. Es un Rey que no sólo conoce nuestros corazones sino que nos comprende.

Nadie lo puede sentir distante, porque Él también ha experimentado el hambre, el sueño, la tristeza, las alegrías, el dolor, el cansancio, la sed. Tuvo amigos y enemigos. Fue paciente, tierno, justo, bueno, obediente, sencillo, humilde... Murió, como moriremos nosotros y luego resucitó.

Me pasaría el día entero agradeciéndole por todo lo que ha hecho por mí, y por ti.

Ahora te toca conocerlo y amarlo, adorarlo, honrarlo, desagraviar su Sacratísimo Corazón, que sepa que lo amamos. Es el mejor de los amigos, créeme, nunca te defraudará. No importa tu situación actual, su amor y Misericordia son también para ti. Él te ama. Debes saberlo, "Jesús te ama".

"*¡Oh* **Corazón de Jesús*!***
***Yo quiero consagrarme a ti"*.**

Despedida:

Reza con las hermosas oraciones que están en las **PÁGINAS 33 y 34** y que usarás en todas tus visitas al Santísimo **para despedirte de Jesús Sacramentado.**

El Sagrario

Es un recinto de la Iglesia,
donde el sacerdote
guarda el copón con las hostias
consagradas. Allí nos espera Jesús
para consolarnos, fortalecer
nuestras almas y llenarnos de gracias.

VISITA 8

".Jesús les dijo: «Yo soy el pan de vida. El que viene a mí nunca tendrá hambre y el que cree en mí nunca tendrá sed. Sin embargo, como ya les dije, ustedes se niegan a creer aun después de haber visto."

(Juan 6, 35-36)

Los frutos de la Adoración Eucarística

Nos ponemos en la presencia de la Santísima Trinidad y hacemos la Señal de la Cruz con gran devoción.

"En el nombre del Padre,
del Hijo y del Espíritu Santo".

Saludamos a Jesús (puedes usar tus propias palabras):

"Creo Jesús, que estás aquí, verdaderamente presente. He venido a saludarte, a estar contigo, decirte que te quiero, rezar y velar juntos, consolar tu Sacratísimo Corazón, pedirte perdón por tantas ofensas y agravios. Quédate conmigo Señor, sin ti estoy perdido. Bendíceme y concédeme por tu amor lo que te pido y lo que necesito para aceptar y hacer siempre tu santa voluntad, que es perfecta."

Recemos…

Tennos piedad, oh Dios, según tu amor,
por tu inmensa ternura borra nuestro delito,
lávanos a fondo de nuestras culpas,
y de nuestros pecados purifícanos.
Pues nuestros delitos yo los reconozco,
los Pecados de la Humanidad,
sin cesar están ante ti;
contra Ti, contra Ti solo hemos pecado,
lo malo a tus ojos cometimos.
(Salmo 51)

- Oración al Espíritu Santo (página 11).
- Oraciones del Ángel en Fátima (página 12).

Leamos una reflexión

EL SANTO DEL INTERNET

La vida espiritual de Carlo Acutis se centra en la Misa diaria. Las escasas ocasiones en que no puede participar, por causa de un impedimento escolar, se recoge y hace una "comunión espiritual".

—¡La Eucaristía es mi autopista hacia el Cielo! —repite con frecuencia. Su vida se le presenta como una Misa unida al sacrificio redentor de Cristo.

«Las almas se santifican muy eficazmente gracias a los frutos de la Eucaristía diaria —afirma— y, de ese modo, no corren riesgo de toparse con los peligros que pondrían en juego su salvación eterna». Carlo es muy sensible ante la manera más o menos recogida y fervorosa con la que los sacerdotes celebran la Santa Misa. Antes o después de la Misa realiza un acto de adoración durante un tiempo. Sabe que la Iglesia concede indulgencia plenaria por la adoración del Santísimo durante media hora, y dedica a menudo ese beneficio espiritual a las almas del purgatorio «más abandonadas». Se constituye en apóstol de la participación en la Misa dominical ante personas que ya no asisten, y varios de sus amigos retomarán la práctica religiosa, algunos después de su muerte.

Una página de Internet

Carlo se apasiona por los milagros eucarísticos que se han multiplicado en el transcurso de los siglos, y utiliza su competencia para crear una página de Internet dedicada a esos milagros

www.miracolieucaristici.org

Esta página web, que todavía existe, está traducida a numerosas lenguas. *Vístala, te hará mucho bien.* Le emociona especialmente el milagro de Lanciano, un pueblo de la región de Abruzos donde se venera desde el año 750 una hostia milagrosa que se transformó en carne y sangre en el momento en que el sacerdote pronunciaba las palabras de la consagración; analizada en 1970 por especialistas, se demostró que la carne era de tejido de miocardio (corazón); la sangre, que parecía fresca, pertenece al **grupo AB.** Ese sorprendente hecho científico confirma a Carlo en su devoción especial hacia el Sagrado Corazón de Jesús, que merece ser adorado «como participación y símbolo natural, el más expresivo, de aquel amor inexhausto que nuestro Divino Redentor siente aún hoy hacia el género humano» (Pío XII, *Haurietis aquas*, núm. 24). Conseguirá de sus padres, retornados bajo su influencia a la práctica religiosa, que la familia Acutis se consagre al Sagrado Corazón. Ofrece comuniones y sacrificios «para reparar las indignidades que Jesús recibe en el sacramento de su Amor», según la petición que Él mismo hizo a santa Margarita María (Paray-le-Monial, 1675).

En el transcurso de esos momentos de adoración al Santísimo, Carlo medita sobre los misterios de la vida de Cristo, en especial de su infancia. Le impresionan especialmente la pobreza elegida por el Hijo único de Dios en su Encarnación y su nacimiento en el establo de Belén. Poco antes de morir confesará a su director espiritual que **la práctica asidua de la Adoración Eucarística le ha ayudado a progresar sobremanera en la oración**; a partir de entonces se distrae menos y su amor por Jesús ha crecido mucho.

Para corregir sus defectos (glotonería, pereza, propensión a la palabrería, distracciones durante el rezo del Rosario...), el joven recurre cada semana al sacramento de la Penitencia y de la reconciliación. «Para despegar hacia las alturas —dice— el globo necesita soltar lastre, igual que el alma, la cual, para elevarse hacia el Cielo necesita quitar incluso los pesos más pequeños que son sus pecados veniales… ¡Haced como yo y veréis los resultados!». (clairval.com)

Mira a Jesús. Él te ve y Él te oye. Dile lo que sientes y piensas y necesitas. Es un gran amigo. Nunca te va a defraudar. Lo sé por experiencia.

Despedida:

Reza con las hermosas oraciones que ese encuentran en las **PÁGINAS 33 y 34** y que usarás en todas tus visitas al Santísimo **para despedirte de Jesús Sacramentado.**

VISITA 9

"Les doy un mandamiento nuevo: que se amen los unos a los otros. Ustedes deben amarse unos a otros como yo los he amado. En esto reconocerán todos que son mis discípulos, en que se amen unos a otros". (Juan 13, 34-35)

Debes saberlo. Jesús te ama.
Eres muy especial para Él.

Nos ponemos en la presencia de la Santísima Trinidad y hacemos la Señal de la Cruz con gran devoción.

"En el nombre del Padre,
del Hijo y del Espíritu Santo".

Saludamos a Jesús (puedes usar tus propias palabras): "Creo Jesús, que estás aquí, verdaderamente presente. He venido a saludarte, a estar contigo, decirte que te quiero, rezar y velar juntos, consolar tu Sacratísimo Corazón, pedirte perdón por tantas ofensas y agravios. Quédate conmigo Señor, sin ti estoy perdido. Bendíceme y concédeme por tu amor lo que te pido y lo que necesito para aceptar y hacer siempre tu santa voluntad, que es perfecta."

Recemos…

- Oración al Espíritu Santo (página 11).
- Oraciones del Ángel en Fátima (página 12).

Leamos una reflexión

JESÚS ESTÁ VIVO

"Fui a un retiro católico casi por obligación". La joven hablaba desde el pequeño púlpito de la Iglesia. Recuerdo que decía con timidez sus primeras palabras y luego creció en ella un entusiasmo único, espectacular, propio de quien está lleno del Espíritu Santo.

El buen sacerdote le había pedido compartir su experiencia renovadora al finalizar la Eucaristía, a la que asistieron todos sus compañeros del retiro de Emaús.

"Llegué a este país huyendo del mío, donde habíamos perdido la libertad hasta para pensar. Desde el primer día me sentí muy sola.

No conocía a nadie y no tenía amigos. Pasaba mis días entre el trabajo que conseguí y la soledad de mi alcoba. Una compañera del trabajo me invitó a este retiro. "Tienes que ir", me insistía.

Vine, en parte, para que me dejara tranquila. Siempre he mirado con suspicacia esos retiros que me parecían una pérdida de tiempo.

Los primeros días me sentía igual de sola, desesperada, llena de angustias y temores.

El último día tuve una experiencia emocionante y os la quiero compartir. Ocurrió justo en el momento que el sacerdote daba la bendición con Jesús expuesto en un hermoso ostensorio, al finalizar la Hora Santa. Sentí que mi alma se estremecía. Fue cosa de un instante. Me supe amada por Dios. Tuve esa certeza. Dios me amaba, no era cualquier cosa, era su hija y Él cuidaba de mí. Caí de rodillas y me puse a llorar, llena de gratitud y de un amor que me era desconocido. Me inundó una paz sobrenatural, como cuando un rio se desborda e inunda los alrededores. La gracia se desbordaba en mí y me llegaba a borbotones. Era de locos. Miraba a mi alrededor confundida y me di cuenta que nadie notaba lo que me estaba pasando. "¿Qué es esto?", me decía sin comprender lo que me ocurría en ese momento crucial en que mi vida cambiaría para siempre. Se develaba el Misterio para mí, indigna de tanto amor. Era como si Jesús, desde aquella custodia, me dijera: "Yo estoy siempre contigo y te amo". Me sentí eternamente amada en aquella Adoración Eucarística. Éramos Jesús y yo. Cerré los ojos, llorando, sintiéndome perdonada, comprendida, abrazada. Recibía gracias inmerecidas y solo atiné a repetir una y otra vez en mi interior: "gracias Jesús". Al finalizar aquella Hora Santa, era otra persona. Atrás habían quedado mis temores, mi soledad, mis dudas. Supe en ese instante que Jesús está VIVO, es real y anhela derramar en nuestras almas su amor incondicional por la humanidad. Me confesé después de muchos años y volví a vivir en la presencia de Dios. Visito a Jesús, mi tierno amor, mi enamorado, cada vez que tengo una escapadita del trabajo, en algún Sagrario cercano. Ahora sé que no estoy sola. La Iglesia es Madre, que a todos nos acoge y abraza y ustedes mis hermanos".

También tú, que lees estas palabras, puedes experimentar su amor infinito que todo lo transforma.

Mira a Jesús. Él te ve y Él te oye. Recuerda que para Él **NADA HAY IMPOSIBLE.**

Dile lo que sientes y piensas y necesitas. Es un gran amigo. Nunca te va a defraudar. Lo sé por experiencia. *"Señor, haz que crea firmemente en tu presencia verdadera, que ame como Tú y que experimente tu amor, tu gracia, tu perdón".*

Despedida:

Reza con las hermosas oraciones que están en las **PÁGINAS 33 y 34** y que usarás en todas tus visitas al Santísimo **para despedirte de Jesús Sacramentado.** Nunca olvides todo lo que ha hecho por ti, su amor, su anhelo de estar contigo en este lugar y sentirse amado por la humanidad.

No he conocido a nadie que visite a Jesús en el Santísimo y salga igual.

VISITA 10

Herman Cohen era judío y fundó la Adoración Nocturna. Hoy vamos a conocer su historia.

Nos ponemos en la presencia de la Santísima Trinidad y hacemos la Señal de la Cruz con gran devoción.

“*En el nombre del Padre,*
del Hijo y del Espíritu Santo”.

Saludamos a Jesús (puedes usar tus propias palabras): “Creo Jesús, que estás aquí, verdaderamente presente. He venido a saludarte, a estar contigo, decirte que te quiero, rezar y velar juntos, consolar tu Sacratísimo Corazón, pedirte perdón por tantas ofensas y agravios. Quédate conmigo Señor, sin ti estoy perdido. Bendíceme y concédeme por tu amor lo que te pido y lo que necesito para aceptar y hacer siempre tu santa voluntad, que es perfecta.”

Recemos...

- Oración al Espíritu Santo (está página 11).
- Oraciones del Ángel en Fátima (página 12).

Leamos una reflexión

Herman Cohen *¿Quién fue?*

Nació el 10 de noviembre de 1821 en Hamburgo. Era judío. Hijo de una familia judía, de buena posición social, Hermann Cohen es educado en el judaísmo y en el desprecio de todo lo cristiano. Es un caso que impacta, porque tiene una conversión radical, instantánea. Al entrar a una iglesia experimenta la gracia ante Jesús Sacramentado. Se hace católico. En 1849 Herman ingresa en el Carmelo haciéndose un religioso carmelita ejemplar, contemplativo y orante.

SU CONVERSIÓN

Herman se encuentra en Ems (Alemania) para dar un concierto reemplazando como director de orquesta a un amigo, y asiste a la Misa dominical en la pequeña iglesia católica de la ciudad. En el momento de la elevación de la Sagrada Forma, no puede contener un raudal de lágrimas.

«Espontáneamente, como por intuición, empecé a hacer una confesión general a Dios de todas las enormes faltas cometidas desde mi infancia: las veía allí mismo, desparramadas ante mí, a millares, horrendas, repulsivas... Y sin embargo sentí también, mediante un sosiego desconocido que derramó su bálsamo en mi alma, que Dios misericordioso me las perdonaría, que se apiadaría de mi sincera contrición, de mi amargo dolor... Sí, sentí que me perdonaba, y que aceptaba como expiación mi firme voluntad de amarlo sobre todas las cosas y de convertirme en adelante en Él. Al salir de aquella iglesia de Ems, era ya cristiano de corazón...

Días después visité al párroco de una pequeña iglesia católica, para quien el sacerdote Legrand me había dado una carta de recomendación. El segundo día después de mi llegada, era un domingo, el 8 de agosto, y, sin respeto humano, a pesar de la presencia de mis amigos, fui a oír Misa.

Allí, poco a poco, los cánticos, las oraciones, la presencia -invisible, y sin embargo sentida por mí- de un poder sobrehumano, empezaron a agitarme, a turbarme, a hacerme temblar. En una palabra, la gracia divina se complacía en derramarse sobre mí con toda su fuerza. En el acto de la elevación, a través de mis párpados, sentí de pronto brotar un diluvio de lágrimas que no cesaban de correr a lo largo de mis mejillas... ¡Oh momento por siempre jamás memorable para la salud de mi alma! Te tengo ahí, presente en la mente, con todas las sensaciones celestiales que me trajiste de lo Alto... Invoco con ardor al Dios todopoderoso y misericordioso, a fin de que el dulce recuerdo de tu belleza quede eternamente grabado en mi corazón, con los estigmas imborrables de una fe a toda prueba y de un agradecimiento a la medida del inmenso favor de que se ha dignado colmarme".

Sus palabras...

Al grito unánime de la humanidad que sufre: "Felicidad, ¿dónde estás?", contestaba así: «Busqué la felicidad en la vida elegante, en el aturdimiento de bailes y fiestas; la busqué en la posesión del oro, en la emoción del juego, en la intimidad de los hombres famosos, en todos los placeres de los sentidos y del espíritu...

La mayoría de los hombres tiene una idea equivocada sobre la propia naturaleza de la felicidad, buscándola allí donde no está... Se ama la felicidad, y Jesucristo, única felicidad posible, no es amado... ¡Dios mío! ¿Cómo puede ser esto? ¡El Amor no es amado! ¿Por qué? Porque no es conocido. Todo es motivo de estudio, excepto Él... ¡Oh, todos los que me escucháis! ¿Acaso es necesario que venga un judío a suplicar a los cristianos que adoren a Jesucristo?... Pero podréis decirme: «No creo en Jesucristo». Yo tampoco creía en Él, ¡y por eso precisamente era desgraciado!».

FUNDA LA ADORACIÓN NOCTURNA

Una tarde del mes de noviembre de 1848, entra en la capilla de las carmelitas de la calle Denfert-Rochereau de París, donde está expuesto para la noche el Santísimo Sacramento, ante unas adoradoras. En ese lugar le surge la idea de fundar «una asociación que tenga como finalidad la exposición y la adoración nocturna del Santísimo Sacramento, así como la reparación de las injurias del que Él es objeto». La asociación de la adoración nocturna de los hombres, nacida el 22 de septiembre con el consentimiento del vicario general de París, reúne por primera vez a sus miembros durante la noche del 6 al 7 de diciembre, en la iglesia de Nuestra Señora de las Victorias, en unión filial con el Papa Pío IX, refugiado en Gaete.

En su felicidad, Hermann se dirige a sus amigos de antaño: «Venid a este banquete celestial, que ha sido preparado por la Sabiduría Eterna... Venid, dejad vuestras futilidades y vuestras quimeras... Pedid a Jesús la túnica blanca del perdón, y con un nuevo corazón, con un corazón puro, saciad vuestra sed en la límpida fuente de su Amor».

Poco a poco, la asociación se propaga por el mundo entero; todavía existe en la actualidad.

clairval.com

¿SIENTES EL LLAMADO DE JESÚS?

¿Te gustaría ser un Adorador Nocturno? *"Son hombres, mujeres, que por voluntariamente juraron a Jesús Sacramentado, ofrecerle cada mes una noche de amor y sacrificio ante su Santísima presencia, en reparación de sus faltas y las del mundo entero"*. Pregunta en tu parroquia si tienen esa Asociación. Tendrás cada mes un encuentro íntimo y personal con Jesús. Y tu vida y la de tu familia cambiarán.

También puedes inscribirte para acompañarlo una hora, si tienen Adoración Perpetua.

Mira a Jesús. Él te ve y Él te oye. Dile lo que sientes y piensas y necesitas. Es un gran amigo. Nunca te va a defraudar. Lo sé por experiencia. También tú, que lees estas palabras, puedes experimentar su amor infinito que todo lo transforma.

"Señor, haz que crea firmemente en tu presencia verdadera, que ame como Tú y que experimente tu amor, tu gracia, tu perdón".

RECOMENDACIONES

A veces, cuando visito a Jesús, me gusta llevar conmigo un libro, como tú, que tienes mi libro contigo. Es bueno llevar libros de espiritualidad que alimentan tu alma, cuando visitas a Jesús. Quisiera recomendarte algunos que te harán mucho bien.

1. La Santa Biblia.
2. Relatos de un Peregrino Ruso.
3. Historia de un Alma, de Santa Teresita del Niño Jesús.
4. Catecismo de la Iglesia.
5. Imitación de Cristo, de Tomas de Kempis.
6. Diario de Santa Faustina.
7. Vidas de santos.

Mira a Jesús. Él te ve y Él te oye. Dile lo que sientes y piensas y necesitas. Es un gran amigo. Nunca te va a defraudar. Lo sé por experiencia.

Despedida: Reza con las hermosas oraciones que están en las **PÁGINAS 33 y 34** y que usarás en todas tus visitas al Santísimo **para despedirte de Jesús Sacramentado.**

VISITA 11

"Con él tenemos la certeza de que, si le pedimos algo conforme a su voluntad, nos escuchará. Y si nos escucha en todo lo que le pedimos, sabemos que ya tenemos lo que le hemos pedido."
(1 Juan 1, 14-15)

Nos ponemos en la presencia de la Santísima Trinidad y hacemos la Señal de la Cruz con gran devoción. "*En el nombre del Padre, del Hijo y del Espíritu Santo*".

Saludamos a Jesús (puedes usar tus propias palabras): "Creo Jesús, que estás aquí, verdaderamente presente. He venido a saludarte, a estar contigo, decirte que te quiero, rezar y velar juntos, consolar tu Sacratísimo Corazón, pedirte perdón por tantas ofensas y agravios. Quédate conmigo Señor, sin ti estoy perdido. Bendíceme y concédeme por tu amor lo que te pido y lo que necesito para aceptar y hacer siempre tu santa voluntad, que es perfecta."

Recemos...

- Oración al Espíritu Santo (página 11).
- Oraciones del Ángel en Fátima (página 12).

Reflexión...

La Virgen en Fátima y Lourdes insistió mucho en el **rezo diario** del santo Rosario. Es una oración eminentemente Cristo céntrica y Bíblica. Hay muchas promesas de parte de la Virgen para los devotos del Rosario. No solo ha prometido librarlos del Purgatorio, también aseguró: "Aquél que sea verdadero devoto del Rosario no perecerá sin los Sagrados Sacramentos." Esta promesa me encanta.

Importante:

Hoy haremos un rato de oración ante el Santísimo. Rezaremos el santo Rosario, que tantas bendiciones nos trae del cielo. Decía san Francisco de Sales: *"Rezar mi Rosario es mi más dulce ocupación y una verdadera alegría, porque sé que mientras lo rezo estoy hablando con la más amable y generosa de las madres"*. Y el santo cura de Ars: *"Con esta arma le he quitado muchas almas al diablo"*.

Disponte a rezar el Rosario…

No te tomará más de media hora y las gracias por haberlo rezado ante el Santísimo serán innumerables. Recuerda que puedes ganar una indulgencia plenaria. ¡Ánimo! El mundo y las almas necesitan de tus oraciones fervorosas.

¿Por quién vamos a ofrecer este Rosario?

1. Las Almas Benditas del Purgatorio.
2. La conversión de los grandes pecadores.
3. La paz del mundo.
4. Por el Papa, la Iglesia y los sacerdotes.
5. Por la sanación de los enfermos.
6. Por la paz del mundo.
7. Pon tus intenciones…

¿Cómo se reza?

1. Haces la señal de la cruz y **rezas** el acto de contrición.

Por la señal de la Santa Cruz, de nuestros enemigos líbranos Señor, Dios nuestro. En el nombre del Padre, y del Hijo, y del Espíritu Santo. Amén.

"Señor mío Jesucristo, Dios y hombre verdadero,

Creador, Padre y Redentor mío. Por ser Tú quién eres, Bondad infinita, y porque te amo sobre todas las cosas, me pesa de todo corazón haberte ofendido. También me pesa que puedes castigarme con las penas del infierno. Ayudado de tu divina gracia propongo firmemente nunca más pecar, confesarme y cumplir la penitencia que me fuere impuesta. Amén".

2. **Rezas** el Padre Nuestro.
3. **Rezas** tres Avemarías y Gloria al Padre.
4. Anuncias el primer misterio. ...
5. **Rezas** un Padre Nuestro, diez Avemarías y un Gloria al Padre.
6. Anuncias el segundo misterio seguido de un Padre Nuestro, diez Avemarías y un Gloria al Padre
7. Luego el tercer Misterio, el cuarto y el quinto, con un Padre Nuestro, diez Avemarías y un Gloria en cada uno.
8. Al terminar rezas el Salve a la Virgen.

¿Ves? Es muy sencillo. Lo llaman la síntesis del Evangelio porque en cada Misterio vas siguiendo los pasos de Jesús. Si lo deseas puedes empezar con estos Misterios (Gozosos)…

1. La encarnación del Hijo de Dios en María Santísima.
2. La visitación de Nuestra Señora a Santa Isabel.
3. El nacimiento de Jesús.
4. La Presentación de Jesús en el templo.
5. La Pérdida del Niño Jesús y luego hallado en el templo.

Ahora mira a Jesús. Él te ve y Él te oye. Dile lo que sientes y piensas y necesitas. Es un gran amigo. Nunca te va a defraudar. Lo sé por experiencia.

También tú, que lees estas palabras, puedes experimentar su amor infinito que todo lo transforma.

"Señor, haz que crea firmemente en tu presencia verdadera, que ame como Tú y que experimente tu amor, tu gracia, tu perdón".

Despedida:

Reza con las hermosas oraciones que están en las **PÁGINAS 33 y 34** y que usarás en todas tus visitas al Santísimo **para despedirte de Jesús Sacramentado.**

Nunca olvides todo lo que ha hecho por ti, su amor, su anhelo de estar contigo en este lugar y sentirse amado por la humanidad.

¿Mi experiencia?

He aprendido que el secreto está en confiar en Jesús.

Si confías mucho, recibes mucho.
Si confías poco, recibes poco.

Confía, Él te ayudará en esta difícil situación. Nunca te dejará ni te abandonará.

VISITA 12

Busca a Dios y lo demás se te dará por añadidura.

Nos ponemos en la presencia de la Santísima Trinidad y hacemos la Señal de la Cruz con gran devoción. “*En el nombre del Padre, del Hijo y del Espíritu Santo*”.

Saludamos a Jesús (puedes usar tus propias palabras): “Creo Jesús, que estás aquí, verdaderamente presente. He venido a saludarte, a estar contigo, decirte que te quiero, rezar y velar juntos, consolar tu Sacratísimo Corazón, pedirte perdón por tantas ofensas y agravios. Quédate conmigo Señor, sin ti estoy perdido. Bendíceme y concédeme por tu amor lo que te pido y lo que necesito para aceptar y hacer siempre tu santa voluntad, que es perfecta.”

Recemos…

- Oración al Espíritu Santo (página 11).
- Oraciones del Ángel en Fátima (página 12).

Reflexión…

Fue durante un fin de semana en un pequeño aeropuerto. Un piloto joven había salido de paseo. Volaba una avioneta pequeña. Después de algunos giros y sobrevolar sobre las nubes, aquella mañana soleada, se acercaba a la pista de aterrizaje. De pronto, ocurrió un accidente inesperado. Se rompió una manguera del motor y empezó a chorrear aceite. Las ventanas se cubrieron de aceite dejándolo en tinieblas dentro de la cabina. Trató de estar tranquilo, pero no pudo solucionar el problema. Encendió la radio y empezó a pedir ayuda. En el aeropuerto se activaron las medidas de seguridad. Una voz desconocida se escuchó de pronto en su radio. "Estoy cerca de ti y te veo. Mantén la calma. Puedo guiarte para que aterrices a salvo". Aquella voz le orientó en la altura, velocidad y la distancia que lo separaba de la pista.

Durante 15 interminables minutos maniobró a ciegas la aeronave hasta que al final tocó tierra y aterrizó sano y salvo. Eso es lo que Dios hace con nosotros en este mundo de oscuridades. Nos guía, orienta y nos enseña lo que debemos saber para salvarnos.

Una vez escuché en una homilía a un sacerdote decir algo extraordinario que me dejó pensando: "Los 10 Mandamientos Dios los entregó para que fuéramos felices. Imagina una ciudad en que se cumplan a cabalidad. Podrías salir de noche a cualquier hora sin temor porque sabrías que nadie te va a hacer daño. Podrías confiar en todos, seguro que te tratarían como a un hermano. No necesitaríamos rejas de hierro en las puertas y ventanas, para proteger nuestros hogares de ladrones… La vida sería estupenda, sin complicaciones".

He andado muchos caminos y al final, me percaté que Dios era la respuesta para todo. Sólo Dios puede saciar ese deseo de armonía, de vivir en Paz, sin miedos ni angustias ni terror, de ser feliz y disfrutar la vida a plenitud. ¿No te parece que sería maravilloso lograrlo?

A mi edad no me puedo dar el lujo de andar experimentando corrientes nuevas ni buscar donde sé que perderé el tiempo, que es lo más valioso que ahora poseo. La vida es un don que se nos da, la oportunidad de lograr grandes cosas y conquistar nuestros sueños. No quiero desperdiciarla, por eso voy a lo seguro.

Hubo una época en que viví hambriento de Dios y no lo sabía. Algo me faltaba, pero no tenía idea de lo que era. Saciado por el mundo y las maravillas que me brindaba, lo espiritual no me inquietaba, ni pensaba en ello. Iba por el mundo adormecido, como muchos. Creía que era lo normal. Por ello vivía tranquilo, sin inmutarme. Hasta que algo ocurrió, una pequeña ventana se abrió en mi alma y quise mirar a través de ella y descubrí la gracia que empezaba a filtrarse, como una rajadura en la pared de una casa por la que se filtran la humedad y el agua. De esta forma la gracia empezó a empapar mi alma.

No pasó de pronto, como esas famosas conversiones, súbitas, en las que Dios derrama su gracia y es capaz de conmover el alma más pecadora. Esto fue un proceso lento que al principio no entendía. Me fue sacudiendo por dentro sin que me percatara de lo que me estaba ocurriendo. Me parece que Dios, al instante de nuestro nacimiento, deja en nuestras almas una semilla de bondad, curiosidad y anhelos de buscarlo. Esta semilla permanece en estado de hibernación, olvidada en lo más hondo del alma. Es como una tabla salvavidas, guardada en el olvido para el día que la necesitemos. Es en ese momento, no antes, que Dios hace que esta semilla germine, crezca la planta, florezca y de frutos de eternidad. Es un proceso lento y debemos ser pacientes. En mi caso era diferente. Me consumía la impaciencia.

Quería saber más. Era como si un hambre insaciable me consumiera el alma. ***Quería llenarme de Dios***, saberlo todo de Él. Aprendí los beneficios del silencio espiritual, el recogimiento interior, y empecé a disfrutar de su presencia amorosa, aquello que algunos llaman: "los goces del amor divino o la dulce intimidad con Dios". En esos días todo era nuevo para mí. Este mundo no me llenaba el corazón. Disfrutaba más quedarme quieto en alguna esquina e intimar con Dios que habitaba en mí, *"dulce huésped del alma"*. Cuántos diálogos tuvimos. Suelo pensar que, en nuestra búsqueda de Dios, primero vivimos de la *gracia* para después vivir de la fe. Dios es un gran pedagogo. Su pedagogía es perfecta, como son perfectas sus resoluciones. Él todo lo hace bien. Dicen los entendidos que la perfección consiste en *aceptar siempre, en todo momento su santa voluntad* que es perfecta. No comprendo muchas cosas, por ello decidí un día que dejaría de buscar tantas respuestas, sencillamente aceptaría sus designios y confiaría. Es mi Padre, el mejor de todos y un padre siempre busca lo mejor para sus hijos. Por su gran Amor Dios se ha fijado en mí, sabe que soy un completo desastre y ha decidido podarme, enderezar mi vida. Él es como el jardinero experto que poda un arbusto. Sabe exactamente qué ramas cortar. Te quita las ramas secas, las plantas parásitas, todo lo que te impide crecer en la fe. Te saca de tu comodidad. Y es cuando llegan las dificultades que te obligan a dirigir la mirada al cielo. Duele demasiado. A mí no me agrada esto. Pero lo acepto y ofrezco. Sé que al final todo saldrá bien. Te confieso que nunca antes había experimentado tan vivamente y con tanta intensidad la presencia de Dios. En medio de este sufrimiento lo experimento de tal manera, que me sumerjo en su Amor al instante.

En este momento me encuentro sentado en la banca de un parque. Vengo de estar con Jesús en el Sagrario. Sopla una brisa deliciosa, un árbol me da una sombra estupenda, refrescante. Y yo rodeado sólo del amor de Dios, canto pensando en aquello de: *"Quien canta ora dos veces"*. Y reconozco que la libertad viene de Dios, la vida viene de Dios. ¿Cómo no agradecerle? La verdad es que a menudo no sé qué hacer, o cómo sonreír ante el dolor y la incertidumbre que llevo dentro de mí.

Busco las opciones que tengo frente a mí. Tengo dos muy claras: Angustiarme, preocuparme por lo que podría ocurrir. O dejarlo todo en las manos de Dios, confiar y abandonarme en Su amor. Opté por confiar.

"Confía Claudio", me digo. "Debes seguir adelante, estar en la presencia de Dios, en su paz, Y luego amar y perdonar". Entonces cambio mis pensamientos, de pesimismo a optimista, de inquietud a serenidad. "Señor, te ofrezco mis miedos". Le ofrezco todo, mis temores, mis alegrías, mis pecados, mi debilidad... todo. Y de pronto me siento mejor, más tranquilo y me doy cuenta que puedo enfrentar al mundo y mis temores.

Nos ocurren tantas cosas que no comprendemos. El mundo es complicado. Hay mucho que no podemos comprender, pero forma parte de un Plan Divino. En su momento lo veremos con claridad y todo tendrá sentido: el sufrimiento, las dificultades, nuestro dolor.

El buen Dios está atento a nuestras dificultades, como un Padre amoroso. Su Amor nos envuelve nos protege y nos guía. Me he dado cuenta que Dios siempre prepara lo mejor para nosotros. A mi edad he visto que es así. No tengo dudas al respecto. Y ¿cuál es Su propósito? ¿Por qué se empeña tanto en guiarnos por la vida trazando planes para nosotros? ¿Por qué nos incluye sin olvidarnos, a pesar de cómo somos? Por un motivo muy simple, tan sencillo que no parece lógico: ***"porque nos ama".*** Eso es todo. No hay más. Dios es Amor y nos ama con locura. El que ama siempre busca estar con la persona amada. Dios desea estar con nosotros toda una eternidad, demostrándonos su amor, su Ternura, el cariño de un Padre que hace lo imposible por nosotros. Dios cree en ti, por eso te dio la libertad de elegir. Sabe que puedes elevarte a sus alturas si lo deseas. Dios te ama. Y muchísimo Lo sé. Debes creerlo también. Sólo espera tu amor para habitar en ti. Desea que lo ames mucho, que lo ames más. Que confíes y te abandones. Que experimentes el dulce abandono en Su Voluntad, que es perfecta.

Recuerda: *"Nada es imposible para el que tiene fe".*

Despedida: Reza con las hermosas oraciones que están en las **PÁGINAS 33 y 34** y que usarás en todas tus visitas al Santísimo **para despedirte de Jesús Sacramentado.**

SE BUSCAN
Almas reparadoras
enamoradas de Jesús
para consolar
su Sacratísimo Corazón.

Qué alegría...
poder rezar
el Rosario
a los pies de
Jesús
en el Sagrario.

VISITA 13

Busca a Dios y lo demás se te dará por añadidura

Nos ponemos en la presencia de la Santísima Trinidad y hacemos la Señal de la Cruz con gran devoción. "*En el nombre del Padre, del Hijo y del Espíritu Santo*".

Saludamos a Jesús (puedes usar tus propias palabras): "Creo Jesús, que estás aquí, verdaderamente presente. He venido a saludarte, a estar contigo, decirte que te quiero, rezar y velar juntos, consolar tu Sacratísimo Corazón, pedirte perdón por tantas ofensas y agravios. Quédate conmigo Señor, sin ti estoy perdido. Bendíceme y concédeme por tu amor lo que te pido y lo que necesito para aceptar y hacer siempre tu santa voluntad, que es perfecta."

Recemos…

- Oración al Espíritu Santo (página 11).
- Oraciones del Ángel en Fátima (página 12).

Reflexión…

Cuando Dios te toca, ya nada es igual para ti. Lo que antes valoraba ahora comprendes que de nada sirve en la Eternidad. Y que todo lo que haces en esta vida influye en la vida futura que vas a tener al lado de Dios. Por eso es urgente que lo sepamos. "Dios nos ama, como el Padre, el Hijo y el Espíritu Santo". Sí, Dios te ama querido lector y verás su gloria y Majestad si transitas sus caminos y cumples sus mandatos y vives de acuerdo a su Palabra.

Siempre recuerdo la hermosa homilía de un sacerdote que solía visitar a los enfermos de un hospital público. Una tarde una de las enfermeras le advirtió de un enfermo, moribundo, al que nadie visitaba. Llevaba meses allí, solo. El buen sacerdote lo visitó y se sentó a orar con él y hacerle un rato de compañía. Llegó un momento en que curioso le preguntó: "Le veo muy animado y feliz. Me enteré que pocas personas lo visitan. ¿Nunca se siente solo?" El enfermo hizo acopio de sus fuerzas para sentarse. Miró con ternura al sacerdote y le respondió: "Uno mis sufrimientos a los de Cristo. Sufro con Él por la humanidad. Procuro que mis sufrimientos tengan un sentido sobrenatural, que vayan más allá y ayuden a los demás. Y en lo que respecta a estar solo, sí, en ocasiones me siento muy solo. Me he aprendido muchos versículos y oraciones de la Biblia y cuando estoy así, triste, cierro los ojos y m deleito repitiéndolas una y otra vez. Y recupero la alegría y la esperanza al comprender que nunca estamos solos, Dios nos acompaña. Somos sus hijos muy amados". El sacerdote terminó su historia diciéndonos: "Quedé maravillado con la fe de este hombre. A los pocos días partió al Paraíso. Esas palabras me confortaron más mí que a él. Y aprendí mucho sobre la Palabra de Dios, que es de consuelo en los momentos difíciles. Lean sus Biblias, sacudan el polvo que se ha acumulado sobre ellas, ábranlas, que **Dios les quiere hablar**".

¿Sabes qué es lo que más le duele a Jesús? Nuestra indiferencia. Es lo que más lo hace sufrir. Le duele nuestra indiferencia a su amor y el sacrificio que hizo por nosotros en la Cruz. ¿Cómo darnos cuenta? Mira a tu alrededor, no tienes que esforzarte mucho, ve a los oratorios donde encontrarás sagrarios abandonados, donde nadie visita a Jesús.

Pero no todo es así, también recibe muchos consuelos de almas consagradas que están siempre en su presencia consolándolo, diciéndole que le aman. Gracias a ellos y sus oraciones seguimos en este mundo. Son los que detienen la mano de Dios que algún día vendrá a castigar a esta humanidad rebelde con grandes sufrimientos. En 1917 en Fátima, la Virgen María nos lo hizo saber, con mucha seriedad. **"No ofendan más a Nuestro Señor, que ya está muy ofendido".** Pecamos mucho, porque amamos poco. Ofendemos a Dios porque no lo conocemos. No puedes amar lo que no conoces, es natural, solo podemos amar aquello que conocemos, por ende, debemos dedicar tiempo a conocer a Dios, a través de la Palabra, las homilías de los sacerdotes, un consejero espiritual, la sana lectura de libros de espiritualidad.

Una de nuestras principales tareas en este mundo es el amor. Amar a Dios y a nuestros semejantes. No en vano el primer mandamiento es amar a Dios sobre todas las cosas. Este mandamiento es como un seguro de vida.

Si lo cumpliéramos andaríamos por el mundo felices, con una serenidad y una paz sobrenatural. Nada nos sería imposible y tendríamos una vida sobrenatural envidiable. Andaríamos con la mirada en el cielo. Y es natural, si lo piensas te das cuenta que quien ama a Dios por sobre todas las cosas materiales, habría lo imposible por tenerlo contento y nunca, jamás ofenderlo.

Seriamos felices amando. San Pablo nos describió el amor, que también describe a Dios que es Amor. El amor es.... Poner todo, darlo todo, sin medidas. Imagina si todos amaramos y cumplieran los mandamientos de Dios. Sólo por un momento imagínalo. ¿Cómo sería este mundo?

¿Es fácil amar? No. Somos criaturas frágiles, de barro y tendemos al pecado pues nacimos marcados por el pecado original. Siempre recuerdo a una amiga del movimiento de los Focolares que salió una mañana de su casa decidida a amar, a todos, sin distinción. Llegó a las puertas de un supermercado y afuera estaba sentado un hombre muy pobre con la mano extendida. La llamó y ella se incomodó. "Perdone", le dijo de golpe, "No tengo nada que pueda darle". El hombre la miró bondadoso y respondió: "No quiero pedirle nada suyo". Y le mostró sus piernas tullidas. "No puedo caminar, y tengo hambre". Sacó unas monedas y las extendió a mi amiga. "Lo que deseo es que, en nombre de Dios, me compre un café y unos panecillos dentro del supermercado. Estoy enfermo y me cuesta todo".

Mi amiga recordó las palabras que dijo antes de salir de su casa, la resolución que había tomado: ***“hoy voy a amar”*** y se sintió avergonzada. Y lo ayudó en seguida pidiéndole perdón por su falta de amor.

Me pasó algo parecido y creo que debo compartirlo contigo. Una vez salí en la búsqueda de Jesús. Había leído que, a los grandes santos de nuestra Iglesia, se les apareció en la forma de un pobre o un enfermo. Y le pedí esa gracia al Señor. “Yo también quiero verte”, le dije, “y reconocerte”.

A los días acompañé a un amigo a un hospital para enfermos de cáncer. Él les llevaría la comunión y un rato de consuelo. Supe de inmediato que ese día vería a Jesús.

Cada vez que entrábamos a un cuarto me decía: “¿Eres Tú Señor?” Y buscaba a los que menos enfermos parecían. Aquellos más sanos, de buen semblante. “Señor” le dije, “el día termina y no te encuentro. ¿Dónde estás?” Entonces llegamos a un cuarto silencioso, al final del pasillo. No había ningún familiar. El televisor apagado. Sólo una cama al fondo y una persona en ella. Entramos y me paré frente a la cama. Y me pareció reconocerlo.

"¡Eres Tú!", casi exclamo. Sentí un dolor interior, profundo, que me paralizaba. Era el más enfermo de todos. El irreconocible. Fue tal mi impresión que salí del cuarto a llorar. Lo tuve frente a mí y no pude verlo a los ojos. No tuve el valor. Su cuerpo estaba totalmente llagado. Era un Cristo sufriente. Regresé a mi casa y lo único que surgió de mi alma fue escribirte, contarte mi experiencia. Me preguntaba a menudo:

— ¿Por qué?

Un sacerdote amigo, a los días me respondió:

— Porque no amaste lo suficiente.

— Es verdad —, reflexioné —, de haber amado, habría podido abrazarlo y curar sus heridas. Y estar con Él.

Recordé a san Francisco, cuando corría por los bosques llorando: "¡El Amor no es amado! ¡El Amor no es amado!".

Jesús, Hijo de Dios, enséñanos a amar
y reconocerte en el que sufre, el necesitado.
Enséñanos a ser como Tú.

La vida es complicada y no siempre tomamos las

mejores decisiones. Con frecuencia nos equivocamos, pero también tenemos nuestros aciertos. Así aprendemos. Si no caes, nunca sabrás lo que otros sufren, para que puedas consolarlos y ser "uno" con su dolor. Al caer aprendes cómo levantarse ante la adversidad, de esta forma puedes enfrentar los retos que vendrán en el futuro. *El camino de la vida es una pedagogía constante.* Nos fortalece, nos hace mejores, compasivos, buenos. Si has sufrido, podrás comprender al que sufre y consolarlo. Si has caído, podrás ayudar a levantarse al que yace en el suelo. Si pasaste por la adversidad, podrás enseñar la perseverancia, demostrar con tus logros que nunca debemos rendirnos. Si saliste de esa vida que ofende a Dios, y te has llenado del gozo que da un alma pura, podrás iluminar a otros en sus caminos, para que salgan de la oscuridad. *Hay un propósito para todo.*

He llegado a comprender a mis 65 años que nunca estamos solos. No vamos solos por la vida. Dios camina con nosotros. Va a nuestro lado, habita en nosotros. Y nos anima a continuar, a no desfallecer, como buen Padre. Lo descubrí el día que hice un alto en mi vida y decidí dedicársela a Dios. Ese pequeño momento fue trascendental para mí.

He conocido a muchos que se han decidido. Han vuelto sus vidas a Dios. Y de pronto, inesperadamente, todo cambió. Hacia donde miraran veían las cosas como nuevas, como si nunca antes las hubieran visto. Y esos bellos detalles de la naturaleza que nunca notaron: una piedrecilla, un tronco caído con musgo, unas hormigas, un camino secreto entre la hierba. Les pasó como al hijo pródigo que decide volver a su padre pidiendo perdón y es su padre quien le sale al encuentro y lo abraza emocionado.

Dios es ese Padre, sólo que mucho mejor. En esos momentos vas a experimentar su presencia infinita y bella. Es algo estupendo, difícil de explicar.

Dios te mueve al amor y la Misericordia. Y cambiará tu vida para siempre.

¿Qué te pide Dios? Algo que está a tu alcance. Que confíes en Él. Que no temas ser feliz, a pesar de lo que te digan. Que perdones. Que ames mucho. Que ames más. Porque el amor libera, nos da las fuerzas que necesitamos para vivir, perdonar y seguir adelante. *La paz en el corazón proviene* ***del perdón.*** *Por eso hay que perdonar, ser perdonado y perdonarnos a nosotros mismos.*

¿Te ha pasado? Tengo hambre de Dios y no logro saciar este sentimiento, este anhelo de conocerlo y tenerlo en mi interior. Este deseo espiritual de recogimiento interior para intimar con Dios es innato en todo ser humano. Se encargan de disipar y adormecer este deseo natural: el mundo, la carne y el demonio. A mi edad, he descubierto y visto muchas cosas que te maravillan y a la vez te asustan. Me gusta mucho visitar a Jesús en el Sagrario, sentarme a reflexionar y estar con mi familia, mi esposa Vida, mis hijo y Ana Sofía, mi bella nieta. Hay que disfrutar la vida en la sencillez, con naturalidad. He vivido muchos años escalando la montaña sagrada de Dios, resbalando, cayendo, volviendo a escalar. Yo me cansaba, pero Dios no. Él buscaba mi amor y me mostró sutilmente, los senderos y el camino para que pudiera encontrarlo, conocerlo y luego amarlo. Llenó el trayecto de señales que me indicaban por dónde ir, sin mostrarse del todo. Me tocaba reflexionar en ello, descubrirlo. Pero, ¿cómo?

Esta mañana desperté con una inquietud. Me repetía esta frase que con anterioridad medité: "llenarnos de Dios". Desde temprano he tratado de comprender lo que Dios quería decirme. ¿Cómo debemos llenarnos de Dios? ¿Acaso no basta recuperar la gracia después de una buena confesión? Pensé en el Papa Juan Pablo II, un hombre tan lleno de Dios que a su paso las personas lloraban, tocadas por la gracia.

Fui a ver a Jesús en el Sagrario y le conversé largamente. "¿Qué debemos hacer para llenarnos de ti?, le preguntaba. Al rato encontré a un sacerdote amigo y le pregunté. "A menudo pienso en eso", me respondió. "Basta querer. Abrirnos a la gracia. Amar a Dios. Dejarlo actuar. Vaciarnos de nosotros. Darle un espacio. No se puede llenar, lo que está lleno".

Hay que llenarnos de Dios, para ser felices. A mi edad he comprendido que nada podemos sin Él. Por eso me sumerjo en sus aguas profundas y le busco incansable. Sabiendo que Él siempre estará allí… esperándome… esperándote. Si conocieras "el don de Dios", las maravillas que te tiene reservadas, no dudarías en buscarlo sinceramente. Dios quiere tener una relación con el hombre, pero no lo vemos.

El profeta Isaías que lo conoció bien le decía: "Tú eres un Dios al que le gusta esconderse". (Isaías 45, 15) ¿Por qué se esconde? No lo sé, no tengo idea. El problema es que pienso como hombre y

Él piensa como Dios, y es Todopoderoso y eterno.

Estoy limitado por mi humanidad. ¿Cómo entender a quien ha vivido una eternidad? Es imposible para mí. Pero con todas mis limitaciones, tengo formas de descubrirlo, y experimentar su presencia amorosa. Él se revela de manera que podamos comprender con nuestra lógica y razón, que al experimentarlo sintamos ese anhelo de querer más de Él, y que al amarlo sintamos un gozo, una plenitud que lo llena todo. Él nos conoce y nos trata con ternura. Va despacio, como un padre con su hijo pequeño que empieza a descubrir el mundo. No olvides que Jesús todo lo explicaba en parábolas usando ejemplos sencillos que pudiésemos asimilar. Su Padre hace igual. Nos muestra su existencia de formas sencillas que podamos comprender, intuir, descubrir.

¿Has visitado un museo últimamente? Las grandes obras tienen, por lo general, en una esquina de la parte inferior la firma del artista, tan sutil que apenas se distingue. En el mundo podemos de igual manera encontrar la firma de Dios.

Algunos nos dicen que podemos descubrir la huella de Dios en la creación. "Porque lo invisible de Dios, desde la creación del mundo, se deja ver a la inteligencia a través de sus obras: su poder eterno y su divinidad, de forma que son inexcusables". (Romanos 1, 20)

Despedida:

Reza con las hermosas oraciones que están en las **PÁGINAS 33 y 34** y que usarás en todas tus visitas al Santísimo **para despedirte de Jesús Sacramentado.**

TE LLAMO.
Y TE ESPERO.
¿VENDRÁS A
VERME?

VISITA 14

Busca a Dios y lo demás se te dará por añadidura

Nos ponemos en la presencia de la Santísima Trinidad y hacemos la Señal de la Cruz con gran devoción. "*En el nombre del Padre, del Hijo y del Espíritu Santo*".

Saludamos a Jesús (puedes usar tus propias palabras): "Creo Jesús, que estás aquí, verdaderamente presente. He venido a saludarte, a estar contigo, decirte que te quiero, rezar y velar juntos, consolar tu Sacratísimo Corazón, pedirte perdón por tantas ofensas y agravios. Quédate conmigo Señor, sin ti estoy perdido. Bendíceme y concédeme por tu amor lo que te pido y lo que necesito para aceptar y hacer siempre tu santa voluntad, que es perfecta."

Recemos…

- Oración al Espíritu Santo (página 11).
- Oraciones del Ángel en Fátima (página 12).

Reflexión...

No sé si te ha ocurrido. Hay días que me levanto pensando: *"debe haber algo más. No puede ser sólo esto"*. El hombre está lleno de esperanzas y sueños. Soñamos, anhelamos, deseamos, amamos. Algo en mi interior vive inquieto, me impulsa en la búsqueda de Dios. En ocasiones me da por no responder a su llamado. Es como una voz muy tenue, que apenas se escucha. Te llama por tu nombre. Y sabes que es Dios. Alejarte no hace más que aumentar el anhelo de Dios por ti. Su ilusión por saber que lo amas. Te parecerá una tontería, pero me lo imagino como un niño que busca a su madre para que lo abrace y lo consienta y le diga sin cesar cuánto lo ama. De pronto ocurre lo contrario, somos nosotros los que corremos a sus brazos paternales, para sentirnos amados, seguros, confiados. En esos momentos Él acude a nuestro encuentro, casi corriendo, para abrazarnos, fuerte, muy fuerte y decirnos: *"No temas. Yo estoy contigo"*. Y es cuando comprendes que sí, hay algo más, alguien. Grande, inmenso, extraordinario, que trasciende, que va más allá. Por lo quien vale la pena darlo todo. Esa mañana desperté rezando: *"Señor, hazme un instrumento de tu paz"*.

A veces la vida nos sumerge en situaciones inesperadas, que no deseamos, pero que debemos afrontar. Y no sabemos cómo. Seguí orando:

— Señor, Hazme un instrumento de tu paz.

Y me marché al trabajo. Allí me llené de inquietudes y me hice muchas preguntas. Me llené de muchos: "¿por qué?"

Un amigo me pregunto:

— ¿Qué te ocurre?

—Tengo muchas preguntas— le respondí—. Y voy a ver al que tiene las respuestas.

Salí unos minutos para ir a una capilla cercana, donde estaba el Santísimo. Entré saludando:

— Hola Jesús.

Y me quedé un rato con Él, preguntándole. Y por respuesta: un silencio abrumador. Recordé las palabras que un amigo sacerdote me dijo:

— Desde el Sagrario, Él te ve y Él te oye.

Y yo pensé que no me veía y no me escuchaba.

Cuando me monté en el auto para volver a mi trabajo inicié este diálogo conmigo mismo, como si otra persona a mi lado me preguntara:

— ¿Encontraste tus respuestas Claudio?

— No. Jesús no respondió mis preguntas.

Me quedé un rato en silencio y continué:

— Curiosamente, llevo una gran Paz conmigo, una paz interior que no esperaba y que sobrepasa lo que soy capaz de contener. A pesar de mis problemas y sufrimientos, estoy experimentando una paz que desconocía.

— ¿Acaso olvidaste estas palabras de Jesús?: *"Mi paz os dejo, mi paz os doy"*. Él te da lo que necesitas, no siempre lo que pides.

En ese instante comprendí. Quedé tan impresionado que saqué mi vieja libreta del bolsillo de mi camisa y escribí esta vivencia.

Me pasé la mañana pidiéndole:" Hazme un instrumento de tu Paz." ¡Jesús sí respondió! Y de la manera más impactante que puedas pensar. No puedo ser instrumento de algo que no tengo. Y aquella dulce mañana, Él me dio su Paz.

¿POR QUÉ LA CRUZ?
¿POR QUÉ EL SUFRIMIENTO?

Me hago muchas preguntas. Comprendo tan poco. Siendo hijos de un Dios Todopoderoso estamos expuestos al dolor y el sufrimiento. Su propio hijo no estuvo exento de terribles pruebas que terminaron en una muerte atroz en la cruz.

Tengo tantas preguntas y termino diciéndome: "No dudes, no cuestiones tantas cosas. Jamás podrás comprender a Dios en tu limitada humanidad. Ten fe, confía y verás grandes portentos". Quiero aprender del amor. Salir cada mañana de mi casa, amando a mis semejantes. Tener caridad. Llevar a Dios a mis hermanos, los que viven solos, los que sufren, los que no han sentido el abrazo de un amigo. Es tan pobre mi fe. A veces me disgusto por las injusticias que se viven en este mundo e imploro a Dios: "Auméntame la fe". Trato de comprender y cuando nada entiendo lo miro en la Cruz. Jesús desde aquella cruz, moribundo, sediento, padeciendo dolores insoportables, tiene unos minutos para mirarme a los ojos y decirme: "Por ti, Claudio, lo hago por ti".

Basta una mirada de Jesús para cambiar nuestras vidas. En el Evangelio tenemos muchos ejemplos maravillosos de personas que no pudieron resistirse a la mirada tierna de Jesús. Basta que Jesús te mire y tu vida cambiará.

¿Crees que alguien ha sufrido tanto como sufrió Jesús en el calvario? No sólo eran dolores físicos atroces, sino espirituales. Cargaba en ese momento nuestros pecados, millones de actos impuros y ofensas contra Dios, y los ofrecía al Padre con su tormento, para nuestra redención.

La Virgen seguramente lo sabía, en alguna oportunidad Jesús se lo habrá contado, como todo hijo que le cuenta sus secretos a su madre. Y ella, aceptó ese misterio que Dios permitía con la muerte de su Hijo y que se suscitaba en el Gólgota. Ella calló y sufrió muchísimo y seguramente ofreció a Dios esos horrorosos momentos que tuvo que padecer. Fueron indescriptibles por la saña y la crueldad con que se llevaron a cabo.

Siempre me sorprendo cuando Jesús en vez de sentir coraje por lo que le hacían frente a su madre, sintió compasión de todos y pidió a su Padre que los perdonara.

La compasión es uno de los frutos del Espíritu Santo y Él tenía la plenitud de sus carismas.

Cuando meditas que aquellos soldados no tenían ningún poder sobre Él que es Dios y que fue como una oveja al matadero, sin ofrecer resistencia, para obedecer la voluntad santa de su padre, quedas consternado, paralizado de la impresión, con lágrimas en los ojos, conmovido irremediablemente por tanto amor inmerecido.

Hace muchos años leí un escrito que te explicaba con sencillez por qué los sufrimientos de Jesús. Recuerdo sus palabras que tanto me han hecho reflexionar y meditar en este misterio: "Dios escogió el dolor para redimirnos porque todos sabemos lo que es el dolor, es algo que fácilmente reconocemos y comprendemos. Dios pudo elegir la pintura, pero no todos entienden de pintura. Pudo elegir la música, pero tampoco es comprendida por todos, pero el sufrimiento, el dolor es algo común a todos los seres humanos".

Una vez un amigo se quejó conmigo porque le iba muy mal y lo trataban con desprecio en el trabajo. Era de ir a misa sin falta los domingos y frecuentaba la oración. "Sigues a un crucificado", le respondí, "no esperes ser tratado mejor que Él".

Se cuenta que san Francisco de sales consoló a un enfermo que se quejaba de tantos sufrimientos con estas palabras: “No te entristezcas por recibir los golpes de la Providencia, medita esto: Es mejor estar en la cruz con el Salvador que mirarle solamente”.

Últimamente me ocurren cosas que no entiendo del todo, que me desconciertan. Por algún motivo pareciera que Jesús nos pide orar, con más insistencia, con mayor fervor. Nos llena de una alegría interior, tan suya, tan secreta, que acompaña la necesidad de oración. En esos momentos cierro mis ojos y me traslado con el corazón a una capilla y le visito en el Sagrario. De rodillas oro. Y le pido tantas gracias. Por las almas benditas del purgatorio. Por las familias. Por los niños que sufren las divisiones de sus padres. Por los buenos sacerdotes, para que les haga santos. Hay que retomar el camino de la oración.

Cuántas almas están esperando nuestras oraciones, y no las reciben porque estamos ocupados en otras cosas. Verdaderamente siento que he estado allí, a los pies del Maestro, acompañándolo, hablando con Él, escuchando sus dulces palabras e inspiraciones Divinas que me mueven a rendirme ante su Amor.

El sufrimiento es un misterio que tal vez nunca lleguemos a comprender. La Virgen que es una madre consagrada de Jesús y madre de la humanidad, le dijo a santa Bernardita en Lourdes: "**¡No te haré feliz en este mundo**, sino en el otro!" Sabemos que la felicidad plena, sin sufrimientos, ni angustias ni dolores la encontraremos en el Paraíso, viviendo una maravillosa eternidad al lado de Dios, pero para ello debemos esforzarnos, ganarnos el cielo con nuestras obras, hechas con amor y misericordia.

Mientras, unamos nuestros sufrimientos a los de Cristo y ganemos almas para Dios. Guarda tu estado de gracia como un tesoro y mantén plena comunión con Dios, que es nuestro Padre.

Ofrece todo.

Acepta todo.

Ama todo.

Y nunca te desanimes, ni pierdas tu fe. Todo pasa. Esto también pasará. Dios va contigo. Y te acompañará siempre en cada instante de tu vida.

A menudo recuerdo aquel familiar al que se le murió su bella esposa. Estaban muy enamorados y el sufrimiento fue grande. Es algo que siempre me ha impresionado, la aceptación del hondo sufrimiento ofrecido a Dios, cuya voluntad es perfecta.

El día que celebraron la misa de difuntos, ocurrió algo inesperado. Al terminar la eucaristía, el esposo pidió un minuto para decir unas palabras. El sacerdote le señaló el púlpito.

El esposo se paró con gran dignidad y entereza, levantó la mirada al cielo y dijo en voz alta: *"Señor. No lo entiendo. Me duele. No lo comprendo. Pero lo acepto porque es tu santa voluntad. Y te lo ofrezco"*.

Un profundo silencio inundó aquella iglesia y se experimentó una gran paz y serenidad.

El mundo necesita tus oraciones. ¿Por quién rezar? Por todos. Ahora reza con las hermosas oraciones que están en las **PÁGINAS 33 y 34** y que usarás en todas tus visitas al Santísimo **para despedirte de Jesús Sacramentado.** Nunca olvides todo lo que ha hecho por ti, su amor, su anhelo de estar contigo en este lugar y sentirse amado por la humanidad.

VISITA 15

La cruz es una gran escuela de amor.

Nos ponemos en la presencia de la Santísima Trinidad y hacemos la Señal de la Cruz con gran devoción.

"En el nombre del Padre, del Hijo
y del Espíritu Santo".

Saludamos a Jesús (puedes usar tus propias palabras): "Creo Jesús, que estás aquí, verdaderamente presente. He venido a saludarte, a estar contigo, decirte que te quiero, rezar y velar juntos, consolar tu Sacratísimo Corazón, pedirte perdón por tantas ofensas y agravios. Quédate conmigo Señor, sin ti estoy perdido. Bendíceme y concédeme por tu amor lo que te pido y lo que necesito para aceptar y hacer siempre tu santa voluntad, que es perfecta."

Recemos...

- Oración al Espíritu Santo (página 11).
- Oraciones del Ángel en Fátima (página 12).

Reflexión…

Llevo días que voy a misa y siento que debo ver la gran cruz que cuelga detrás del altar. Es como una certeza. Me parece que algo me quiere enseñar el buen Jesús y no descubro qué es. Lo miro y pienso: "Mi buen Jesús, ¿qué es?" Sientes que te mira desde aquella cruz y te habla con su mirada. Es tan pura, llena de amor. Me sé pecador y me cuesta sostener la mirada.

Hoy al terminar la misa me quedé un rato con Él preguntándole: "¿Qué puedo aprender de tu cruz Señor?" Para muchos santos la cruz de Cristo era una escuela de santidad. Recordé en ese momento un trabajo en el que me asignaron una oficina cerrada, sin ventanas ni cuadros en las paredes. Aprovechaba a ratos el silencio para elevar una oración a Dios. Conversaba con Jesús. Imaginaba que me acompañaba y charlábamos. Me encantaba porque experimentaba su cercanía, su amistad, su inmenso amor. Fue entonces cuando me di cuenta que en aquella pared vacía me faltaba una cruz que me recordara mi vocación, nuestro llamado a la santidad. Como no tenía ninguna, tomé un pedacito de papel, dibujé una cruz y la pegué frente a mí a la altura de los ojos. Desde esa tarde, mi cruz de papel me acompañaba durante el trabajo. La veía, rezaba y reflexionaba en el sacrificio de Jesús. Te parecerá una tontería, pero esto tan sencillo, me hacía amarlo más, experimentar su presencia, su ternura.

"He aprendido Señor que debo amar, pero no sé cómo. Hace poco me señalaron con acusaciones absurdas, y quisieron hacerme daño. Me sentí injustamente señalado, perseguido, calumniado. Y tuve miedo.

Hice lo que siempre hago cuando enfrento un conflicto, te visité en el sagrario y te lo expliqué todo. Salí de aquel oratorio en completa paz, consolado. Sabía que todo terminaría bien. Y así ocurrió. Todo terminó, pero fue un conflicto doloroso".

La cruz es algo que humanamente no podremos comprender. El año pasado tuve que cargar una cruz más pesada de lo usual. Y me quejé a menudo. No me gustan el sufrimiento, ni las injusticias. Pero también tuve momentos de aceptación, de oración y reflexión. "Debo pensar que a Dios se llega por la cruz", me dije en medio de aquella tormenta. "Esta es una lucha espiritual. Y mi cruz en realidad no es una prueba, es un camino que debo recorrer. Dios lo ha previsto así en su infinita sabiduría. Debo confiar".

Comprendí que la perfección está en aceptar siempre la santa voluntad de Dios, que es perfecta.

He sufrido, pero también le ofrecí a Dios todo cuanto pude: mis tristezas, los miedos, la esperanza, mi falta de fe. Me perseguían injustamente. Pensé en medio de tanta angustia: "Si el sufrimiento es inevitable, puedes darle valor".

Quisieron hacerme daño y, sin darse cuenta, colocaron en mis manos un tesoro: "El sufrimiento".

Cuando sufres y ofreces tus sacrificios, y los unes a los de Jesús haciéndote UNO con Él, la oración llega a Dios como un incienso grato. Pude ofrecerlo. Lo tomé en mis manos, las elevé al cielo y le dije a Dios: "Te lo ofrezco, es por tu amor". Y en ese momento amé a mis perseguidores. Y los perdoné. Entonces comprendí. Ahora tenía sentido tu cruz. Todo era uno: "El perdón, el amor".

Qué pequeño fue mi sufrimiento al lado tuyo. Hoy quiero estar junto a ti, mirándote en la cruz. "Señor, dame la gracia de comprender que lo hiciste porque me amas y que yo pueda perdonar y amar".

Hace muchos años, cuando mi hijo mayor estaba pequeño, jugábamos una noche al escondite en la casa. Nos dividimos en dos equipos, los papás y los hijos. Nos divertimos en grande. Al terminar el juego fuimos a comprar unos refrescos. Y de repente exclamó: **"¡Papá, yo quiero ser del equipo de Jesús!".** Me sonreí feliz ante esta observación. Él tenía toda la razón. "Yo también." le respondí sorprendido. La sabiduría de los niños no tiene comparación. Es natural, sincera y pura. Empiezas tu recorrido cargando tu pesada cruz, la que Dios dispuso para ti. ¿La vas a dejar de un lado o la vas a abrazar con AMOR? Querido lector... ¿De qué lado estás? Yo, con Jesús. Aunque a menudo le doy la espalda. Y parece que estoy del otro lado, de los no hacen la voluntad de Dios.

Seguir a un crucificado no es fácil, es exponerse a que te hagan lo mismo. Probablemente te harán falsas acusaciones, muy a menudo humillándote, desacreditándote, crucificándote con las palabras.

Nos habían advertido que esto pasaría. Recuerda lo que dice Eclesiástico (2, 1-5) "**Si te has decidido a servir al Señor, prepárate para la prueba**. Acepta todo lo que te pase y sé paciente cuando te halles botado en el suelo. **Porque, así como el oro se purifica en el fuego, así también los que agradan a Dios pasan por el crisol de la humillación".**

"Señor Jesús, quiero más de ti.
Muéstrame tu amor, que experimente
siempre tu presencia en mí".

Estamos sentados frente a Jesús. Créeme Él te ve y se siente feliz y complacido por tu visita, sabe que te has esforzado para llegar a verlo en este oratorio. Faltan pocos días para concluir nuestras visitas al Santísimo. Me gustaría aprovechar este momento para hacerte un comentario muy especial, que seguro podrás valorar.

Hace algunos años descubrí una práctica piadosa que no he dejado hasta el día de hoy. Es **la Comunión Espiritual.** Muchos santos y sacerdotes nos hablaron sobre esta devoción de piedad, alentándonos a practicarla. San Josemaría Escrivá también escribió sobre este admirable misterio que nos confiere las gracias de la comunión Eucarística: "¡Qué fuente de gracias es la Comunión espiritual! – Practícala frecuentemente y tendrás más presencia de Dios y más unión con Él en las obras". (Camino)

Por el deseo sincero de recibirlo, Jesús te confiere la gracia. Lo da todo por las almas que tanto ama. Basta que lo deseen. Su Misericordia no tiene límites. Cuando, por algún motivo, no he podido recibir la Comunión Eucarística, sé que me queda la comunión espiritual. Yo la recomiendo mucho, sobre todo a los que no pueden comulgar.

A veces, mientras conduzco el auto, hago un alto y repito la fórmula que me enseñaron un día para hacer la comunión espiritual, la repito en el banco, el parque.... También, durante la santa misa, en el momento que el sacerdote eleva la Hostia consagrada. ¡Qué momento!

Jesús sabe encender nuestros corazones y siembra en nuestras almas el deseo fervoroso de recibirlo... ¡dulce huésped del alma! Es una oración, sencilla en sí misma, pero, ¡cuán eficaz!

"Yo quisiera Señor recibiros con aquella pureza, humildad y devoción conque os recibió vuestra Santísima Madre, y con el espíritu y fervor de los santos".

Debiéramos repetirla con frecuencia, cada vez que podamos, y vivir más íntimamente unidos a Nuestro Señor.

Jesús es muy especial. Nos da un regalo maravilloso en cada una de sus palabras. Nos llena de esperanza. Nos hace saber que somos hijos de Dios, y que **no habrá nada imposible para nosotros si creemos** y confiamos. Desde el Sagrario, Jesús nos mira compasivo y nos sonríe bondadoso, como un hermano, como un amigo entrañable y bueno. Sabe que no hay motivos para temer. Si las almas le conocieran, no dudarían en abandonarse en su Misericordia. Con Jesús somos capaces de vivir intensamente, aquella vida que siempre hemos deseado, la santidad anhelada que guardamos dentro de nosotros desde niños, cuando recibimos por primera vez a Nuestro Señor en la Santa Comunión. ¿Recuerdas aquel día? Tenías la felicidad a flor de piel, todo te parecía maravilloso. Un solo pensamiento llenaba tu vida y tu corazón: "el Amor de Jesús".

Los años han transcurrido y ahora sientes que nada es igual. Los golpes de la vida te han llevado por otro camino. He aprendido que con Jesús todo cambia.

Nadie permanece igual en su presencia. Tienes la oportunidad de enmendar tus errores y salvar tu alma para la Eternidad. Aún hay tiempo. Estás en el mejor momento de tu vida. Cuando puedes decirle a Jesús: *"Quiero ser tuyo, que mi vida te pertenezca"*. Por Su gracia y Su Amor lo serás.

"Pues, así como abundan en
nosotros ***los sufrimientos de Cristo,***
igualmente abunda también por
Cristo nuestra consolación."

(2 Cor 1, 5)

En días como hoy, suelo preguntarme qué puedo ofrecer a Jesús. Y llegan a mi mente estas palabras: "Id, pues, a aprender qué significa aquello de: Misericordia quiero, que no sacrificio." (Mt 9, 13) Jesús pasa en este momento frente a nosotros. Se detiene, te sonríe y te pregunta: "¿Qué puedo hacer por ti?" Yo suelo imaginarlo caminando cerca y voy hacia él, me pongo de rodillas, coloca sus manos sobre mis hombros y me hace esa pregunta. Siempre respondo: “Señor, que vea”. Quiero comprender el misterio, el don de Dios, el conocimiento de Dios que nos está vedado por nuestra limitada humanidad.

“Que vea Señor. Quiero comprender. Tengo hambre y sed de Dios”.

¿Sufres y te quejas? ¿Crees que yo no tengo dificultades? ¿Que mis problemas son pequeños? No imaginas cuán equivocado te encuentras.

Muchos piensan que por escribir estos libros estoy exento de sufrir. Todos, en alguna medida tenemos pruebas y dificultades. Unos más, otros menos.

Suelo aceptar los problemas con resignación. Pienso en estas palabras de santa Teresa de Jesús: “La paz, siempre la paz, se encuentra en el fondo del cáliz”. Y renuevo mis esperanzas. Hay otra frase que me anima a seguir. Cuando estoy en una dificultad muy seria me digo una y otra vez: “Esto también pasará”. No sé qué habría sido de mi vida, sin la dulce presencia de Dios.

¿No entiendes por qué te pasa esto? He aprendido que no es necesario comprender la voluntad de

Dios, que es perfecta. Hay que amarla, como lo amamos a Él y aceptarla, abrazarla. Creo que la perfección también está en esto: en amar y dejarnos amar por el Padre. Por eso, hace mucho que dejé de cuestionarme. ¿Acaso puede el barro cuestionar al alfarero? Ahora me dedico a conocerlo, a leer su Palabra y tratar de vivirla, a buscar su gracia y su amor, como el mendigo que busca favores.

Descubrí que sus promesas son ciertas y verdaderas. Se cumplen siempre. Por eso me impresionan e ilusionan tanto, como estas palabras suyas:

"No anden tan preocupados ni digan: ¿tendremos alimentos? o, ¿qué beberemos?, o ¿tendremos ropa para vestirnos? Los que no conocen a Dios se aferran a estas cosas, pero el Padre del Cielo, Padre de ustedes, saben que necesitan todo eso. Por lo tanto, busquen primero el Reino y las Justicia de Dios, y se les darán también todas esas cosas". (Mt 7, 31-33)

Nosotros pensamos en lo temporal, nos aferramos a la vida. Deseamos poseer bienes y lograr grandes posiciones en la sociedad. Te das cuenta cuando alguien te dice: "Yo soy..." Y tú piensas admirado: "oh, qué importante es". ¿Jesús?... Él piensa en términos de eternidad. Lo suyo es al Amor, la santidad, la humildad.

Cada vez que he sufrido me parece escuchar a Jesús preguntando: "¿Me ofrecerás tu dolor?" "Sí, Jesús", le respondo, "por tu amor, por las almas del purgatorio, por la santidad de tus sacerdotes, por los que viven en peligro de perderse". Me han pasado cosas muy curiosas con Jesús. Recuerdo una vez que fui a verlo para quejarme por los muchos problemas que tenía. Me acerqué y le dije: "Te necesito". Y me pareció que desde el sagrario me respondía: "Te necesito". Entonces comprendí mi error y le dije avergonzado: "Sí Señor, cuenta conmigo". Él tiene una pedagogía simpática, una manera muy particular de mostrarte el camino. Y el más certero de todos es la cruz. A sus predilectos, los hace sufrir más. El sufrimiento, ofrecido, aceptado, tiene un valor infinito. Nos llena de gracias, nos purifica. Y cuando ya nos puedas más, ora con los salmos. Hay tanta riqueza en ellos. Éste en particular, el salmo 27, te anima a enfrentar las grandes pruebas de la vida, a superar tu dolor: *"El Señor es mi luz y mi salvación, ¿a quién he de temer? Amparo de mi vida es el Señor, ¿ante quien temblaré?"* Contigo Señor, nada temeré.

Un sacerdote amigo, me enseñó esta pequeña oración que él suele rezar cuando le pide gracias a Jesús, después de la consagración o en sus visitas al Santísimo:

"Tú Cristo mío, Rey de la Gloria…
¡Escúchame!"

Como Rey no se negará a darnos cuanto le pidamos con fe.

Hay unos escritos de san Juan Crisóstomo que siempre me han impactado, por la certeza, la fe, la serenidad con que este santo declara su confianza en Jesús. "Cristo está conmigo, ¿qué puedo temer?... Él me ha garantizado su protección. No es en mis fuerzas que me apoyo. Tengo en mis manos su palabra escrita. Éste es mi báculo, ésta es mi seguridad, éste es mi puerto tranquilo. Aunque se turbe el mundo entero, yo leo esta palabra escrita que llevo conmigo, porque ella es mi muro y mi defensa. ¿Qué es lo que ella me dice? Yo estoy con vosotros todos los días, hasta el fin del mundo. Cristo está conmigo, ¿qué puedo temer? Que vengan a asaltarme las olas del mar y la ira de los poderosos; todo eso no pesa más que una tela de araña". La fe verdadera es certeza, no dudas. Es serenidad, no angustia. Es alegría, no tristeza.

Es la capacidad de enfrentar al mundo, porque sabemos que no estamos solos, que Jesús nos acompaña.

AQUÍ ESTOY SEÑOR

Me tienes en tu presencia amorosa. He venido a verte y hablar contigo. Aún no encuentro respuestas a mis inquietudes. ¿Quién eres tú? ¿Quién soy yo? ¿Qué deseas de mí? ¿Cómo puedo encontrarte? ¿Por qué el sufrimiento? ¿Por qué a veces siento que no puedo más? Hay tanto que deseo saber.

Hijo mío: "Si supieras cuánto te amo. Si tuvieras un poquito de fe. Si te animaras a confiar en mis designios. Si me buscaras con más frecuencia. Entonces, tu vida cambiaría. Serías inmensamente feliz".

Siempre me preguntan los lectores cómo fortalezco mi alma y encuentro paz interior. La respuesta es una sola y nunca la he variado: "Ve al Santísimo, visita a Jesús en el Sagrario, cuéntale todo y pídele que te ayude, te fortalezca y te de las gracias que necesita para salir delante de esta situación".

Estoy más que seguro que con las visitas que estás realizando al Santísimo habrás notado un cambio en ti. Me recuerdo un joven inquieto que no podía trabajar tranquilo de tantos problemas y malos entendidos. Le sugería hacer visita diarias de una hora a Jesús en el oratorio más cercano a su trabajo. Lo hizo y un día me dice que de muy poco le ayudó.
Nunca he viso a nadie que siga igual después de estar con Jesús, de modo que le pregunté:

—¿Estás seguro? ¿Todo está igual?
—Bueno, la verdad es que he notado un cambio en mí. Voy a trabajar más seguro y tranquilo.

Jesús es muy especial, un gran amigo y le encanta darle abundantes gracias a los que lo visitan y rezan con Él. No hay nada más triste que un Sagrario abandonado, donde nadie visita a Jesús. No tienen idea las gracias que se pierden porque nadie las pide ni busca. Espero que tus visitas al Santísimo te abran los ojos a una realidad, una verdad que pronto vas a descubrir: **"Jesús está VIVO".**

VITAMINAS ESPIRITUALES

Una lectora me escribió hace poco preguntando: "¿Cuáles son las vitaminas para fortalecer el alma?". Lo he pensado un rato. Sentía que era esencial pasar ratos con Jesús en el Sagrario pero habla otra actividades para fortalecer nuestras almas.

Estas son las **vitaminas espirituales** que suelo tomar y que me han ayudado a recorrer el Camino. Te las he mencionado a lo largo del libro, en pequeñas dosis. Hay muchas más. Las irás descubriendo a lo largo de tu vida.

LAS BUENAS ACCIONES

Sabes, estamos hechos para amar. Es algo que el tiempo nos hace olvidar, pero lo recordamos al ver el ejemplo de personas como la Madre Teresa de Calcuta, Sor María Romero y muchos santos anónimos a nuestro alrededor. Haz buenas obras. **Dios te ha dado mucho y es tiempo que compartas** con los demás esas gracias, tus dones. Mi nieta me lo recuerda siempre diciéndome que debo hacer "buenas acciones". Me pasa que veo a un pobre y recuerdo estas palabras de san Alberto

Hurtado: **"El pobre es Cristo"**, y corro a encontrarme con Jesús en él. A veces hacemos estas buenas obras, sin pensarlo, sin esperar nada a cambio, pero trascienden, **van más allá de lo que podríamos pensar**.

El domingo caminaba con mi hijo cuando tenía 10 años por un mercado muy concurrido, vimos un pobre pidiendo limosna. Le di una sonrisa y una limosna. Mi hijo me dijo: *"Papá, dame una moneda"*. Pensé que se compraría algo y, en lugar de ello, la depositó en las manos de este hombre. Tu ejemplo vale más de lo que piensas.

REZAR

Unos la llaman "**la respiración del alma**". Yo solía pensar que la oración era el lenguaje de Dios, la forma como nos comunicábamos con Él. Ahora pienso que es mucho más… Es **permanecer en Su presencia amorosa**.

Cuando rezamos estamos ante Su presencia. Él nos ve y sonríe complacido. En lo personal, además del Padre Nuestro, me gusta mucho la oración del nombre de Jesús. Es una oración continua en el corazón: "**Señor Jesucristo, Hijo de Dios, ten piedad de mí que soy Pecador**".

Es una bella oración, muy corta, que puedes repetir como una **jaculatoria**. Yo suelo hacerlo y **me trae mucha paz**. Me ayuda a mantener Su presencia, a sentir que caminamos juntos, que no estoy solo.

ACUDIR A LOS SACRAMENTOS

Se definen como "Signos sensibles y eficaces de la Gracia de Dios". Los sacramentos de nuestra Iglesia son **un TESORO,** que Dios ha puesto a nuestro alcance, **sobre todo la Eucaristía**. Cuando asisto a una Misa donde van pocas personas suelo decirme: "**Si las personas supieran…".**

Hoy, de pronto pensé que **durante la Eucaristía nos dan las llaves del cielo**. Unas llaves doradas y hermosas. Podemos guardarlas y olvidarlas en el bolsillo, arrojarlas, o mantenerlas brillantes. Depende de nosotros, de nuestras buenas obras, nuestro amor y nuestra fe. Recibimos tantas gracias durante la Eucaristía…

Si tuviéramos conciencia de ello lo veríamos todo maravillados, sorprendidos por el inmenso Amor de Dios por la humanidad, por ti.

CONFIAR EN DIOS

Sé que Dios tiene un plan estupendo para ti y para mí. No lo entiendo, **muchas veces no lo comprendo, así que he decidido sencillamente "confiar"**. Al final será lo mejor para mí. He notado que cuando confío, el buen Jesús se complace y ocurren cosas extraordinarias. Es como si me dijera: "Muy bien, Claudio".

Vamos, confía, ten fe, que Dios lo hará bien. Tenemos tanto a nuestro favor solo que a veces lo olvidamos o sencillamente no lo sabemos o nadie nos lo recordó:

1. Con la Fe podemos mover montañas. *"Todo es posible para el que cree."* (Marcos 9, 23)
2. Para Dios nada hay imposible. Debes recordarlo siempre: "Él es TODOPODEROSO".
3. Si pedimos con fe recibiremos. Basta pedir como si ya lo hubiésemos recibido.

Nada será imposible de lograr si tenemos nuestra fe de un tamaño diminuto, casi invisible, el de un grano de mostaza. ¿Sabías que los granos de mostaza tienen un diámetro de apenas uno a dos milímetros?

Es todo lo que necesitas para perseverar y triunfar... una fe del tamaño de esa pequeña semilla. Y si te cuesta tener fe, pídesela que Él te la dará: "Señor, auméntanos la fe".

VISITAR A JESÚS EN EL SAGRARIO

Solía trabajar en una empresa a la que llegaban muchas personas a contarme sus inquietudes. **Las escuchaba atento y luego tomaba un papelito y escribía: *"Ve al Sagrario. Visita a Jesús".*** No conozco ninguna que no haya sido tocada por Dios. A los días regresaban sorprendidos a contarme cómo el buen Jesús había cambiado sus vidas.

Supe de uno que decidió hacerle una visita diaria a Jesús en el Sagrario. Iba por las mañanas, camino del trabajo y cuando encontraba las puertas de la Iglesia cerradas se arrodillaba afuera y le decía emocionado: "Aquí estoy Jesús". Visitar a Jesús VIVO en el sagrario, le cambia la vida a cualquiera. Es tan bueno Jesús. Muchas veces lo encuentro solo y me quedo haciéndole compañía.

A Él le encanta saberse amado. Lo han llamado "prisionero de Amor". Se queda en el sagrario por ti y por mí, para que podamos visitarlo y llenarnos con gracias abundantes y darnos la fortaleza que necesitamos para continuar el camino de la vida. Me encanta visitarlo al mediodía, después del almuerzo, en una capilla cercana. Es tan callada y acogedora. Invita a la oración y la contemplación. Allí me espera siempre, Jesús Sacramentado. Conversamos. Nos acompañamos un rato. Él me escucha, y yo lo escucho en el silencio.

A veces me da por quejarme de las cosas que me ocurren. Hoy, debo confesarlo, fui a quejarme nuevamente por tantos problemas que debo afrontar y no encuentro las soluciones. Suele ocurrir que me encuentro en una encrucijada. Normalmente el buen Jesús me indica: *"por aquí Claudio"* y sigo ese camino. Y me va de maravilla.

SER DEVOTO DEL SANTO ROSARIO

Una tarde me encontraba muy inquieto. Atravesaba una seria dificultad y no encontraba cómo solucionarla. Me habían hecho una gran injusticia, dormía mal y la pasaba peor. Es terrible cuando alguien te hace daño, no sabes por qué y no puedes defenderte. Decidí que lo mejor sería dedicar un rato a la oración. Me dirigí al patio interior de mi casa con un Rosario en las manos. Me senté confiado, pedí al Espíritu Santo que me iluminara y a la Virgen Santísima que me cubriera con su manto sagrado y **me guardara de todo mal.**

"Dios te salve María, llena de gracia,
el Señor es contigo..."

Entonces ocurrió algo inesperado. Noté que a medida que pasaba el tiempo y rezaba, me iba llenando de una paz sobrenatural, que no era mía. Me sentía feliz, tranquilo. Cuando terminé de rezar estaba sereno, pude pensar con agudeza y encontré la solución que tanto había buscado a mi problema. No hay oración que agrade más a la Virgen. De hecho, en sus apariciones se le ve portando un Rosario. Los grandes santos solían rezarlo a diario. Esta bella oración **ha traído mucha paz y consuelo** a las personas a las que les recomiendo rezarlo. Recuerdo una joven que atravesaba una situación muy difícil. "Reza el Rosario", le sugerí. Al día siguiente me contó cómo, por primera vez en mucho tiempo, había encontrado una paz sobrenatural y la certeza que todo se solucionaría.

Como ejercicio reza **esta noche** el santo Rosario. Verás cómo te ayuda a reflexionar en la vida de Jesús y a encontrar la Paz que tanto anhelas.

Despedida:

Qué contento debe estar Jesús contigo. Le apasiona verte. Te ama tanto que no puedes imaginarlo. A veces cuando estoy por marcharme siento que me dice:
—Quédate un poco más.
¿Te ha pasado?

"Señor, dime lo que quieres y lo haré. Solo te pido la serenidad, fortaleza y fe, que necesito para se-

guir tus huellas. Quiero cambiar mi vida, ser mejor, alejarme de este pecado que me consume. Ayúdame Jesús que sin ti nada puedo".

Es hora de despedirnos. Ahora, reza con las hermosas oraciones que están en las **PÁGINAS 33 y 34** y que usarás en todas tus visitas al Santísimo **para despedirte de Jesús Sacramentado.**

"Yo soy el pan de la vida."

(Juan 6, 48)

PARA TERMINAR

Aquella luminosa mañana mi papá me llevaba de la mano por el patio interior del colegio Paulino de San José en Colón, mi ciudad natal. Colón es una localidad costera, construida sobre coral, con su calles perfectamente trazadas, donde se respiraba el aire marino y soplaba una brisa fresca la mayor parte del año, excepto cuando llovía con lluvias interminables que inundaban las calles y las convertían en ríos.

Caminaba lleno de dudas y temores mirando a mi alrededor. Era apenas un niño de 7 años. Vestía pantalones cortos azules, una camisa blanca manga corta y una corbata añil que se ajustaba sola al cuello de mi camisa. Aquel patio inmenso como un océano pronto me iba a separar de la seguridad de su mano. Me miró sonriendo. Nunca he podido olvidar esa sonrisa que tanta paz me dio. "Te va a ir bien" me dijo y me obsequió un llavero multicolor. Después entré al salón de clases, me asignaron una banca y me senté. Aquél era un colegio católico, regentado por unas monjas franciscanas llegadas de Estados Unidos y Suiza y mi papá era un judío sefaradita igual que mi abuelo Abraham Moses. ¿Cómo podían existir ambas combinaciones? No lo sabía entonces, pero me esperaba Jesús en la capilla de aquella pequeña escuela franciscana y las monjas con su dulce voz y su amor, me ayudarían a descubrirlo.

Este conocimiento revolucionó mi vida y la cambió para siempre. Tiempo después mi papá se convertiría al catolicismo y moriría en mis brazos mientras le recitaba las oraciones de la infancia y le hablaba del Paraíso prometido en el que pronto se encontraría con Jesús, san José y la Virgen María.

La vida es muy corta, apenas un suspiro. ¿En qué la gastarás? Yo elijo gastar mi vida en las cosas del cielo, buscando la santidad, transitando el camino de Dios, esforzándome a pesar de mis muchas limitaciones, procurando seguir el Camino que nos trazó Jesús, hablándote de las maravillas que he descubierto en el Sagrario donde habita Jesús, mi mejor amigo. Es el lugar sagrado donde pasa amando, consolando, iluminando, llenándonos con gracias abundantes. "Mi Padre trabaja hasta ahora, y yo también trabajo." (Juan 5, 17) Me impresiona ver la humildad de Jesús que se queda quieto y espera nuestro amor.

Te he hablado de Penitencia y Eucaristía. De la oración y del amor de Dios. De Jesús Sacramentado. De María, del Cielo, de los grandes beneficios espirituales que obtenemos en nuestras visitas al Santísimo. Del Corazón de Jesús en el Sagrario. Y es que tengo la esperanza de que algún día puedas lograrlo, que salves tu alma y vayas al cielo. Así mismo, tengo la ilusión de salvarme también yo. Esto es algo que no sabremos hasta el último minuto.

Cualquiera puede llevar una santa vida, y al final de ésta, perderse. Nadie está a salvo. Por eso acudo con frecuencia a María. Sin ella llevándome de la mano, me perdería irremediablemente. De esto se trata todo, de batallar por nuestras almas y las almas de los que nos rodean. Para salvarnos el buen Dios nos da más de lo necesario. Sólo el hecho de pasar nuestras vidas en el seno de la Iglesia, de la que tantos tesoros y gracias podemos recibir, bastaría para llevarnos al cielo.

Dicen los entendidos que el valor de una sola misa, vivida a plenitud, y las gracias de una sola comunión, bastarían para hacernos santos. Pero no ocurre porque nuestras almas no están preparadas para recibir tanto. Tal vez porque no amamos lo suficiente, o no estamos en estado de gracia, siempre guardamos algún pecado; o no creemos ciegamente, absolutamente que Jesús está en cada hostia consagrada, en cada Iglesia del mundo entero.

Algunos comulgan pensando que es un "memorial" de la última cena. Otros, porque siempre lo han hecho en misa los domingos. Y tú, ¿por qué lo haces?

¿Crees que Jesús, el mismo que caminó por las calles de Nazaret, está presente verdaderamente en esa Santa Hostia?

Me han estremecido el corazón estas palabras del Evangelio: "tanto amó Dios al mundo que dio a su Hijo único, para que todo el que crea en él no perezca, sino que tenga vida eterna." (Juan 3, 6)

Me nace del alma exclamar a viva voz: "Yo creo Señor. Creo que estás verdaderamente presente en cada hostia consagrada por un sacerdote. Creo que está vivo en la Sagrada Eucaristía. Creo, pero aumenta mi pobre fe".

Amable lector que me acompañaste en nuestras visitas al Santísimo, acércate a los sacramentos, haz una buena confesión sacramental y restaura tu amistad con Dios. Los milagros no se harán esperar.

Renueva los votos de tu Bautizo, participa y ama a tu Iglesia. Sé una nueva persona, para Dios. Encontrarás entonces la felicidad que tanto anhelamos las personas. Probarás pedacitos de cielo, acá en la tierra. Te he contado mi experiencia y la de muchos, con Jesús Sacramentado. Me siento feliz de haberme decidido. Dios me ha dado una bella familia, ha renovado mi vida. ¿Qué más puedo pedir? Sé que no me he equivocado al elegir este camino.

Este libro que tienes en tus manos es el culmen de mis reflexiones de tantos años y vivencias con mi Amado Jesús, prisionero de amor en el Sagrario.

He conocido la bondad y el amor de Dios, vivo de la Providencia Divina y nada me falta. Soy feliz a pesar de las dificultades y problemas cotidianos, que todos tenemos. No creas que por escribir estos libros estoy exento del sufrimiento, y la adversidad. Cargo una pesada cruz, como la mayoría, pero voy tranquilo porque Jesús aliviana mi cruz, la hace suya y me bendice inmerecidamente.

He comprobado que Jesús está vivo en esa pequeña Hostia blanca, consagrada por las manos de un sacerdote, No tengo la más pequeña duda.

Sé que las promesas del Evangelio se cumplen, son extraordinarias, por eso te sugiero que empieces a leer la Biblia, si aún no has empezado. Debes conocer sus promesas, son más de 3,500, para que puedas beneficiarte con ellas.

Ahora es tu turno. Estoy seguro que podrás lograrlo. Y me alegro por ti, por tu familia y por todos los que ayudarás de ahora en adelante en tu caminar.

Y, por último, un favor. Cuando vayas a ver a Jesús no olvides decirle: ***"Claudio te manda saludos".*** Me encanta sorprenderlo, sacarle una sonrisa, que esté contento. ***Seamos los consentidos de Jesús.***

"¡Amad a la Virgen
y hacedla amar.
Recitad siempre
el Rosario!"
Padre Pío.

Corazón divino de Jesús, ***convierte*** a los pecadores, ***salva*** a los moribundos, ***libra*** a las almas santas del purgatorio.

HASTA PRONTO

Hemos terminado los 15 días de visitas al Santísimo Sacramento.

Seguramente habrás experimentado ***su presencia*** amorosa, en cada momento de Adoración Eucarística, su ternura y amor. Jesús hace que valga la pena todo sacrificio. Ahora que lo sabes, no dejes de visitar con frecuencia a Jesús en el Sagrario, en las Horas Santas, en momentos de adoración, también en los enfermos y los pobres; y dile una y otra vez que le amas. No te canses de decírselo y que lo sepa. Él merece esto y más.

Contempla en silencio el Misterio Eucarístico, su Majestad y Gloria y adórale. Póstrate en su Divina Presencia y pídele la conversión de los pobres pecadores y las gracias y fortalezas que necesitas para continuar el camino de la vida, hacia la santidad que tanto nos pide.

Te lo garantizo, Él te va a ayudar.

"¿Quién puede subir al monte del Señor? ¿Quién puede estar en el recinto sacro?

El hombre de manos inocentes
y **puro de corazón**".

(Salmo 24)

DEJA TU RESEÑA

¿Me ayudas a propagar la Devoción Eucarística como la adoración del Santísimo, las horas santas, las visitas al Santísimo Sacramento? *Para ello te pido un favor.* En el sitio en Internet donde compraste este libro, hay un cuadro similar al que te muestro, con la opción de opinar sobre su contenido.

Dale un puntaje en estrellas al libro.

Escribir opinión de este producto

Comparte tu opinión con otros clientes

Escribir mi opinión

También escribe una breve reseña de este libro que acabas de leer.

<u>Tu reseña</u> puede ser con palabras, con 5 estrellas. Escríbela hoy. No te costará nada y no imaginas cuánto **nos ayudará** para continuar nuestro apostolado. **Te tomará menos de un minuto** y beneficiará a otros posibles lectores.

CLAUDIO DE CASTRO

LA VIDA DE UN MONJE

aplicada a nuestra vida diaria.

MOMENTOS de

PAZ

Adquiera el nuevo libro **EL PODER DE LA ADORACIÓN EUCARÍSTICA con 31 días de Visitas al Santísimo.** Está lleno de Testimonios. Incluye el **MILAGRO EUCARÍSTICO** que presenció el Papa Francisco.

Devocionario
Mariano
33
DÍAS
CON LA
VIRGEN
MARÍA
ORACIONES
CATÓLICAS
CLAUDIO
DE CASTRO

365
DÍAS
CON DIOS
DEVOCIONARIO
CATÓLICO

UNA REFLEXIÓN DIARIA
PARA INSPIRAR TU VIDA
CLAUDIO DE CASTRO

EL SAGRARIO
Best Seller

EL AUTOR

Claudio de Castro (1957 -) es un conocido autor católico contemporáneo que publica desde hace años sus libros en formato impreso y digital. Sus libros se hayan distribuidos en 15 países y se encuentran también en el portal de Amazon. Claudio vive en Panamá con su esposa Vida, sus 4 hijos: Claudio Guillermo, Ana Belén, José Miguel, Luis Felipe y una nieta, Ana Sofía.

¿Te gustaría escribirle? Éste es su email:

cv2decastro@hotmail.com

También puedes visitar su página web donde encontrarás otros libros similares, de autoayuda y crecimiento espiritual, para fortalecer tu fe y recuperar la esperanza, para encontrarte con Jesús en el sagrario, para darle un nuevo sentido a tu vida.

Te invitamos a visitarlo.

www.claudiodecastro.com

Cuando voy al Sagrario...

Yo rezo el Rosario
¿Y tú?

Made in the USA
Columbia, SC
30 November 2023

27484777R10112